발달장애를
깨닫지 못하는
어른들

발달장애를
깨닫지 못하는
어른들

Adults with Developmental
Disorders who do not
recognize

호시노 요시히코 지음 | 임정희 옮김

아아소

'좀 문제 있는 사람들'이 세상에 적응하는 법

사람은 참 좋은데, 이런 단점이 있는 사람들이 있다. 책상 위가 늘 지저분한 사람, 뭘 깜빡깜빡 잘 잊어버리거나 실수가 잦은 사람, 약속시간 같은 것을 잘 못 지키는 사람, 쉽게 욱하는 사람, 분위기 파악을 못하는 사람 등등.

여러분 주변에도 이런 '좀 문제 있는 사람'이 있지 않은가? 아니면 혹시 여러분 자신이 그렇게 비치고 있을 가능성은 없는가?

만약 그런 사람이 있다면, '어른의 발달장애'가 그 원인일지도 모른다.

'발달장애'라고 하면, 아이들한테나 나타나는 증상이라고 생각하는 사람이 많을 것이다. 오히려 발달장애는 어른이 된 이후에 그 모습을 드러내는 경우가 많다.

발달장애는 결코 드문 일이 아니다. 어떤 통계를 보면, 15세 미만 아동의 10퍼센트 이상이 발달장애 증상 중 한 가지를 나타내고 있다는 결과도 나와 있다. 그 가운데 많은 경우가 발달장애라는 것을 깨닫지 못한 채 어른이 되고 있다고 한다.

'장애'라는 말 때문에 사람들이 오해를 하는 경향이 있는데, 발달장애는 지능 발달하고만 관계가 있는 것이 아니다. 학교 성적이 상위권에 드는 아이 중에도 발달장애 아이가 있다.

뭘 숨기겠는가. 발달장애 연구와 치료에 종사하고 있는 나 자신이 사실은 발달장애인이다.

발달장애란, 요즘 화제가 되고 있는 주의력결핍과잉행동장애(ADHD)나 아스퍼거증후군을 비롯해 자폐증이나 학습장애 등에 이르는 일련의 모든 증상을 총칭하는 말이다. 발달장애가 무엇인지 쉽게 이해하기가 어려운 이유 그리고 적절한 치료가 이루어지기 어려운 이유가 바로 여기에 있다. 발달장애가 원인이 되어 우울증이나 불안장애와 같은 다양한 합병증을 일으키는 사례도 많다.

이 책은 이러한 '어른의 발달장애' 증상과 발병 메커니즘, 원인 그리고 적절한 치료 방법을 알기 쉽게 설명하고 있다.

어른의 발달장애는 나을 수 있다. 나아가 발달장애인이기 때문에 갖고 있는 능력(집중력이나 고집 등)을 살려 활발하게 사회활동을 할 수도 있다.

그렇게 하려면 우선 '어른의 발달장애'가 무엇인지 정확히 이해해야 한다. 그리고 적절한 치료와 주위의 지원이 반드시 필요하다. 이 책이 도움이 된다면 기쁘겠다.

호시노 요시히코

여는 글 '좀 문제 있는 사람들'이 세상에 적응하는 법   4

서장 발달장애가 있는 줄 모르고 어른이 된 사람들
　　직장에서 실수를 되풀이하는 남성 A   13
　　당신 주변에도 있을 '좀 문제 있는 사람'   16
　　공부를 잘하는 아이의 발달장애는 발견하기가 어렵다   18
　　사회에 나온 후 한꺼번에 나타나는 어른의 발달장애   21
　　어른의 발달장애는 고칠 수 있다!   24

1장 어른의 발달장애에 관한 오해와 진실
　　발달장애는 겉으로 잘 드러나지 않는다   31
　　발달장애는 왜 발견하기 어려운가?   33
　　아이들의 10퍼센트가 발달장애   36
　　어른이 될 때까지 발견하지 못하는 경우가 많다   38
　　발달장애에 대한 오해와 편견이 많은 이유   41
　　발달장애는 아이들만의 문제가 아니다   44
　　어른의 발달장애가 발견되기 어려운 이유 세 가지   46
　　장애라는 말에서 생기는 오해와 편견   49
　　장애가 아니라 불균형의 문제다   51
　　우선 받아들이고 인정하는 것부터   55

2장 이런 사람이 발달장애일지 모른다
　　주의력 결핍, 과잉행동 장애의 특징   59
　　기본 증상
　　❶ **과잉행동(운동 과다)** 늘 차분하지 못하고 안절부절못한다   61

❷ **주의력 결핍(주의 산만)** 주의가 산만하고 집중하지 못한다   63

❸ **충동성** 앞뒤를 생각하지 않고 생각나는 대로 행동해버린다   66

❹ **일을 미루는 경향과 업무 부진** 기한을 지키지 못해 일이 쌓여간다   68

❺ **감정의 불안정성** 그저 '몸만 자란 아이들'   69

❻ **낮은 스트레스 내성** 걱정과 불안으로 감정이 폭발한다   71

❼ **대인기술과 사회성 미숙** 분위기 파악을 하지 못하고 남의 말을 안 듣는다   73

❽ **낮은 자기 평가 수준과 자존감** 부정적 사고와 심해지는 열등감   76

❾ **신기한 것을 추구하는 경향과 독창성** 금방 싫증 내고 한 가지 일을 오래 하지 못한다   79

그 밖에 수반되는 증상

❿ **정리정돈을 못하고 건망증이 심하다** 회사일은 하는데 집안일은 엉망   84

⓫ **계획성이 없고 관리 능력이 부족하다** 지나치게 낮은 생활기술   87

⓬ **쉽게 사고를 내는 경향이 있다** 스릴을 즐기고 싶어한다   89

⓭ **수면장애와 낮 시간의 졸음** 자는 중에도 깨어 있는 수면 부족   91

⓮ **이상한 습벽** 남성에게 많은 틱장애와 여성에게 많은 발모벽   93

⓯ **의존증이나 기벽행동에 빠지기 쉽다** 자기투약을 하려는 뇌   95

⓰ **광적으로 몰두하는 경향** 흥미 있는 것에 광적으로 빠져든다   99

아스퍼거증후군의 특징   102

❶ **미숙한 대인관계(사회성)** 애초부터 친구를 사귀려는 의욕이 없다   104

❷ **언어 소통 능력의 결함** 대화를 주고받는 능력이 부족하다   105

❸ **집착 또는 한정된 분야에만 흥미를 느끼는 경향**
   한 가지 일에 비정상적으로 흥미를 갖는다   105

❹ **감각과 지각 이상** 미각이나 후각, 촉각과 청각의 과민함   107

❺ **협조운동의 부조화** 운동이나 손끝을 쓰는 동작이 서투르다   107

여성의 발달장애 특징   109

❶ **발견하기 어려운 여성의 발달장애** 눈에 띄지 않는 주의력결핍우세형이 많다   109

❷ **여성 발달장애의 특징적인 증상 다섯 가지**   110

성인ADHD 여성들이 안고 있는 부담   114

어른의 발달장애 자가 진단 리스트   117

3장 발달장애는 숨어 있다

우울증, 알코올의존증과 발달장애의 관계　131

발달장애는 왜 합병증을 일으키기 쉬운가　133

발달장애는 만병의 근원　136

이런 증상이 있으면 성인ADHD를 의심하라　138

❶ 우울증(기분장애) 잘 낫지 않는 우울증의 배경에는 발달장애가 있다　139

❷ 불안장애(신경증) 말이나 행동과 달리 그 이면에 불안이 숨어 있다　140

❸ 인격장애 한쪽으로 치우친 사고방식과 행동 때문에 생활이 망가진다　148

4장 발달장애는 왜 생기는가

양육 환경만의 문제가 아니다　157

❶ 뇌의 기능장애는 왜 일어나는가? 유전과 출생 전후의 주산기(周産期) 이상　158

❷ 뇌 연구로 밝혀지고 있는 발달장애 메커니즘　159

❸ 발달장애를 악화시키는 심리사회적 요인 부모의 방치나 학대 또는 불안정한 생활　163

5장 어른의 발달장애는 나을 수 있다

발달장애는 어떻게 치료하는가　175

심리 교육과 환경조정요법　177

❶ 진단 결과를 받아들이고, 도와줄 수 있는 조력자를 구한다　178

❷ 자신이 잘하는 것과 못하는 것을 잘 알고 주위의 도움을 구한다　179

❸ 일상생활 속에서 실천할 수 있는 작은 일들　181

❹ 좋은 생활 습관을 유지한다 대사증후군을 예방하는 네 가지 철칙　192

심리요법(상담) 자신이 '뭘 해도 안 되는 인간'이 아니라는 것을 깨닫는다　196

인지행동요법 왜곡되어 있는 '사고방식의 틀'을 바로잡는다　198

자조 그룹 같은 처지에 있는 사람들과 경험과 고통을 나눈다　200

약물요법 중추자극제를 복용하면 증상이 극적으로 경감된다　202

증상에 따라 가장 적절한 약물을 선택한다 204

약물요법이 효과가 있었던 C의 사례 207

그 밖의 치료법 식사요법 209

주변 사람들은 어떻게 대응하는 것이 좋을까? 211

배우자와 가족의 대응 방법 211

나의 ADHD 체험기 당신은 평생 운전하지 않는 것이 좋겠다 211

아내는 행정 부처를 총괄하는 슈퍼 국무총리 214

가족들은 어떻게 대응해야 할까? 215

직장 상사나 동료는 어떻게 대응하는 것이 좋을까? 220

6장 발달장애를 가진 사람이 재능을 살리는 방법

베토벤, 아인슈타인, 피카소도 발달장애인이었다 227

품위 없는 신경질쟁이였던 모차르트 229

간단한 덧셈도 못했던 피카소 231

재능을 살리는 데 필요한 세 가지 핵심 요소 234

❶ 발달장애인의 특성과 그에 맞는 직업을 안다 전문적인 지식이나 기능을 살린다 235

❷ 전문적인 교육을 받을 수 있도록 지원한다 학생 때 부딪치는 문제점 네 가지 237

❸ 취업 지원과 직업진로지도 발달장애인이 니트족이 되기 쉬운 이유 243

발달장애인이 취업하는 데에 가장 중요한 것 245

행복한 가정이 치료로 직결된다 249

발달장애 여성이 문제 있는 남성만 사귀는 이유 252

발달장애 남성이 행복한 가정을 꾸리는 법 254

서장

발달장애가
있는 줄 모르고
어른이 된 사람들

직장에서 실수를
되풀이하는 남성 A

A(28세)는 지방의 국립대를 졸업하고 어떤 대기업에 입사했다. 그런데 입사한 지 얼마 안 되어 지각을 하기 시작하더니, 업무에 필요한 연락을 하거나 서류를 작성하는 일, 거래처 방문 등의 과정에서 실수를 연발하여 이내 '문제아'로 낙인이 찍히고 말았다. 시간관념이 느슨하니 약속에 늦는 것은 당연한 일. 어떤 때는 거래처를 돌아보려고 회사를 나서려고 하는데 갑자기 다른 일이 머릿속에 떠오르기도 한다.

"그러고 보니 생각이 났는데, 그 서류가 어디에 있더라?"

그러면서 부득부득 자기 책상으로 돌아가 서류를 찾으니 출발이 늦어진다. 결국 거래처 사람을 30분이나 기다리게 만들고 만다. 출발하려는 참이었다면 그런 일을 안 하는 게 좋으련만, 일단 생각이 나면 도저히 그만둘 수가 없는 것이다. 이 때문에 거래처와의 약속을 어기고 그쪽 비위를 건드려, 나중에 상사가 그 뒤처리를 하느라 고생한 적도 있다.

상사가 "이 일이 급하니까 이걸 먼저 하도록!" 하고 분명히 말했는데도 거래처 사람과 하염없이 통화를 하거나 급하지도 않은 일에 매달린다. 그러다가 상사가 "그거, 다 했나?" 하고 물으면 그때서야 "아차!" 하지만 이미 사후 약방문이다. "먼저 하라고 했잖아!" 하는 상사의 고함이 그칠 날이 없다.

또 업무 순서를 모르면 상사나 동료에게 물어보면 될 텐데, 그러지도 않는다. 마음대로 자기가 판단하고 처리해버린다. 그러다 결국 실수를 하고 모두에게 피해가 돌아가게 만드는 것이다.

행동하는 것이 늘 이런 식이다. 그러니 지하철에 중요한 서류를 놓고 내리거나, 고객 정보가 들어 있는 휴대전화를 잃어버리거나, 툭하면 회사 차로 사고를 내는 등 잘못과 실수가 그칠 날이 없다.

게다가 더 곤란한 것은 A가 엄청나게 정리정돈을 못한다는 것이다. 책상에는 위고 아래고 옆이고 할 것 없이 서류와 자료가 널려 있어서 무엇이 어디에 있는지 본인도 모를 지경이다. 보관해야 할 것과 버려야 할 것을 취사선택하지 못한 채로, 그저 쌓아 놓기만 하고 정리정돈을 안 하고 있기 때문이다.

당연히 이런 상태로는 필요한 서류를 금방 찾아낼 수가 없다. 업무 효율이 나쁘다는 것은 본인도 잘 알고 있다. 그러나 정리를 하려면 어디서부터 손을 대야 할지를 모른다. 그리하여 상황은 날이 갈수록 나빠지기만 할 뿐이다.

서류도 제대로 작성하지 못해서 언제나 어디 한 군데 실수를 한다. 오자가 나오거나 내용을 잘못 기입하거나 도장 찍는 것을 잊어버리거나 한다. 그러다 보니 보고서 같은 서류를 쓰는 게 귀찮아서 자꾸 뒤로 미루어 놓는다. 그러다 정신을 차리고 보면 "휴우! 써야 할 게 이렇게 많다니!" 하는 말이 저절로 튀어나온다. 어느새 울고 싶을 만큼 할 일이 쌓여 있는 것이다.

이쯤 되면 주변의 평가도 당연히 차가울 수밖에 없다. 상사에게는 '일도 못하는 주제에 건방지기만 한 녀석'으로 보이고, 동료에게는 '자기 마음대로 대충대충 하는 녀석'으로 비치고 있는 것이다.

당신 주변에도 있을
'좀 문제 있는 사람'

매사 일처리의 우선순위를 모르는 사람, 꼭 해야 할 일을 미루는 사람, 업무에 실수가 많은 사람, 시간을 못 지키는 사람, 약속을 못 지키는 사람, 건망증이 심한 사람, 남의 말을 듣지 않는 사람, 남의 기분을 알아차리지 못하는 사람, 남과 잘 사귀지 못하는 사람, 분위기 파악을 못하는 사람, 쉽게 욱하는 사람, 침착성이 없는 사람, 앞뒤 생각 없이 행동하는 사람, 정리정돈을 못하는 사람 등등.

"저 사람은 왜 만날 저 모양일까?"

"저 사람은 왜 저런 식으로밖에 못할까?"

저절로 눈살을 찌푸리게 되는 '좀 이상한 사람', '좀 문제 있는 사람'이 여러분 주위에는 없는가? 직장이나 학교, 이웃, 친구나 아는 사람 등 주변을 한번 둘러보자. "그렇게 말하고 보니 그러네." 싶은 사람이 한두 사람 정도는 있지 않은가?

아니면 여러분 자신이 가끔 누군가에게 "도대체 너는 왜 만날 그 모양이냐?" 하는 소리를 듣고 있지는 않은가? 그래서 혹시 그것 때문에 고민을 하고 자기 혐오에 빠져서 괴로워하고 있지는 않은가?

결론부터 말씀드리겠다.

만약 그런 사람이 있다면 또는 여러분 자신이 그렇다면, 혹시 '어른의 발달장애'가 원인이 아닌지 생각해보시기 바란다.

공부 잘하는 아이의 발달장애는
발견하기가 어렵다

제1장 이후에 자세히 설명하겠지만, 발달장애는 주의력이 부족하고 침착성이 없고 특히 충동적으로 행동하는 '주의력결핍과잉행동장애(ADHA : Attention Deficit Hyperactivity Disorder)', 대인기술이나 사회성 등에 문제가 있는 '자폐증'과 '아스퍼거증후군(AS : Asperger Syndrome)' 등을 포함하는 '광범성 발달장애(PDD : Pervasive Developmental Disorders)'와 어떤 특정 능력(읽기, 쓰기, 계산하기 등)을 학습하는 데 어려움이 있는 '학습장애(LD : Learning Disorders)' 등을 총칭하는 말이다.

　뇌가 발달 과정에서 선천적으로 또는 유유아기(乳幼兒期)에 어떤 이유(유전, 태아기 또는 출생 과정의 이상, 유유아기의 질병 등)로 손상을 입으면, 본래 성장하면서 함께 습득했어야 할 언어 능력이나 사회성, 감정 조절 능력 등이 미발달, 미성숙, 불균형인 상태에 놓이게 된다. 발달장애란 바로 이런 것이 원인이 되어 나타나는 증상이라고 알려져 있다. 한마디로 뇌의 발달 상태가 들쭉날쭉하다는 말이다.

발달장애는 결코 보기 드문 것이 아니다. 각종 통계에 따르면, 예를 들어 ADHD나 학습장애로 생각되는 아동의 비율은 15세 미만의 경우에 6~12퍼센트에 이르는 것으로 알려져 있다. 어림잡아 10퍼센트 전후라 하겠다.

그런데 실제로는 그 대부분이 특수학교나 특별지원 학급이 아니라 일반 학교에 다니고 있으며, 그런 상태로 고등학교, 대학교를 거쳐 사회에 진출하고 있다. 발달장애가 있는 줄 모른 채로 어른이 되는 경우가 적지 않은 것이다.

발달장애라고 하면, '지능이 좀 떨어지고 학교 공부를 따라가지 못하는 경우'를 상상하는 사람이 아직도 많은 것 같다. 그러나 실제로는 그렇지 않다. 발달장애의 정도가 가벼운 경우에는 학교 공부를 잘 따라가는 아이도 적지 않고, 그중에는 상위권을 차지하는 아이도 있다.

이쯤 되면 '좀 별난 행동'이나 '좀 문제 있는 행동'을 보이더라도 주변에서는 설마 이 아이가 발달장애아일 것이라고는 생각도 못한다. 그러고는 "이 아이는 좀 유별나서 그래." 하고 넘어가는 경우가 많다.

아이가 다른 사람과 잘 사귈 줄 모른다 하더라도 문제 삼지 않는다. "아이 때는 마음에 맞는 친구하고만 놀아도 좋지. 또 혼자서 자기가 좋아하는 세계에 몰두하는 것도 괜찮아." 하면서 말이다. 하물며 공부를 잘하는 아이라면 더더욱 아무도 특별히 문제 삼지 않을 것이다.

또 발달장애가 있는 아이는 일반적으로 스트레스에 대한 저항력(스트레스 내성)이 약하기 때문에 따돌림을 당하거나 부등교 문제 등에 부딪치기가 쉽다. 우울증이나 수면장애를 동반하는 경우도 적지 않다. 이런 경우에는 아무래도 주변에서 발달장애 문제보다 이런 이차적인 장애에 관심을 돌리기가 쉽다.

게다가 부모나 선생님 모두가 아이의 장애를 좀처럼 받아들이지 않으려고 하는 측면도 있다. 부모로서는 '우리 아이는 평범한 아이'라고 생각하는 경우가 압도적으로 많기 때문이다.

환경이 이렇기 때문에 주변 사람들도 그렇고 본인 자신도 발달장애가 있는 줄 모르거나 인정하지 않은 채 잠재적인 문제를 안고 지내기가 쉽다. 그리고 그대로 어른이 되어 사회에 나오는 경우가 적지 않은 것이다.

사회에 나온 후 한꺼번에 나타나는
어른의 발달장애

사회인이 되면 학생 때와는 비교도 할 수 없을 정도로 복잡한 사회성이나 의사소통 능력이 필요해진다.

비즈니스란 상대의 속셈을 탐색하는 일이다. 그러므로 입에 발린 소리 한마디 못한다는 것은 애당초 말이 안 된다. 그뿐만 아니라 상대의 표정이나 몸짓, 말투와 목소리의 톤 등으로 속내를 헤아려 이쪽에 유리한 것을 끌어내는 사교술도 필요하다. 때로는 자기 생각과 맞지 않는 일도 해야 하며, 마음에 안 드는 상사나 상대하기 싫은 동료 또는 거래처 사람들과도 잘 지내야 한다.

이것이 발달장애가 있는 사람에게는 엄청나게 어려운 일이다. 그래서 대부분 사회에 나오면 업무나 인간관계 등에서 바로 혼란을 겪기 시작한다. 학생일 때에는 그다지 문제가 되지 않았던 것들이 한꺼번에 나타나 주위와 갈등을 빚기 시작하기 때문이다.

앞에서 소개한 A가 그 전형적인 경우다.

A는 초등학교, 중학교, 고등학교 때까지 성적이 늘 상위권이었다고 한다. 한편으로는 언어 발달이 늦어서 3세 무렵까지 대화가 불가능했으며, 유치원에서도 혼자서 노는 일이 많았다고 한다. 또 초등학교 4학년 무렵까지는 차분히 앉아 있지 못하고 돌아다녀서 언제나 선생님 바로 옆에 앉혀 놓았다고 한다.

A는 손가락이나 전신의 협조운동(각각의 동작을 하나로 통합한 운동. 예를 들면 양손으로 줄을 가지고 빙빙 돌리다가 타이밍에 맞춰 발을 굴러 뛰는 줄넘기가 전형적인 협조운동이다.)을 잘 못하고 악기 다루기나 공작, 체육 활동도 서툴렀다. 또 방향 감각이 없어서 지도도 읽을 줄 몰랐으며, 길을 잃어버리는 일도 많았다. 건망증이 심해 빈 책가방을 메고 학교에 간 적도 있었다.

게다가 엄청나게 제멋대로여서 자기 생각대로 안 되면 금세 화를 내고 펄펄 뛰었다고 한다. "화가 나면 지나가는 아이를 이유도 없이 때렸다."고 하니 정말 위험한 아이였던 것이다.

그 후로 난폭한 면은 서서히 잦아들었다. 하지만 흔히 하는 말로 '자기 페이스', 나쁘게 말해 '자기중심적'인 기질은 그대로 남은 채로 성장했다고 한다.

그래도 대학을 졸업할 때까지는 아무 문제도 없었다. 자기가 하고 싶은 것을, 하고 싶을 때에, 하고 싶은 대로 해도 상관없었기 때문이다. 상대방 생각은 아랑곳없이 하고 싶은 말이 있으면 그대로 해버렸고, 마음이 맞는 친구하고만 사귀면 그것으로 다 되었다.

그러나 사회에 나오니 그렇게 할 수 없었다. 회사에 들어가자마자 아무엇도 제대로 안 되는 현실에 부딪친 것이다. A는 갈피를 못 잡고 깊은 고민에 빠져버렸다. 주변과 겉돌면서 고립감이 심해지는 와중에 필자를 찾아왔다.

어른의 발달장애는
고칠 수 있다!

A는 자기 자신을 돌아보며 이렇게 말했다.

"저는 사회성도 없고 협력할 줄도 모르고, 아무 가망도 없는 인간입니다. 아침에 잘 못 일어나서 아이 때부터 자명종 시계를 여러 개 놓고 자도 못 일어났어요. 고등학교 때까지는 부모님이 깨워주셨지만, 대학에 들어가 혼자 살게 되면서부터는 깨워주는 사람이 없어서 늘 늦잠을 잤습니다. 그것이 지금까지도 안 고쳐지네요.

정리정돈하는 것도 잘 못해 방 안이 엉망입니다. 밥 먹은 것도 그대로, 물건도 놔둔 그대로, 옷도 벗어 놓은 그대로, 책도 읽다 만 그대로예요. 컵라면 먹던 것, 속옷, 신문, 잡지 같은 것이 널려 있어서 마치 쓰레기장 같아요. 진짜 심해요.

상사가 '사람이 하는 말 좀 제대로 들어!' 하면서 화를 낼 때가 많은데, 안 듣고 있는 것이 아니에요. 열심히 들으려고 하는데요, 중간에 쓸데없는 생각을 하는 바람에 무슨 말인지 못 알아듣게 되는 거예요.

사람 사귀는 것도 전혀 못합니다. 상대하기 싫은 사람은 안 사귀고, 상대방 입장에서 생각하는 것을 잘 못해요. 말하고 싶은 대로 말하면 다들 싫어합니다. 그래서 회사에 친구가 없어요.

그래도 고등학교 때까지는 성적이 좋았고, 대학교 성적도 그렇게 나쁘지 않았어요. 그런데 회사에서는 실수의 연속이에요. 한 가지 일에 집중하고 있을 때는 그래도 괜찮은데, 두 가지 세 가지 일이 겹치면 못 해요. 어떤 것부터 차례로 해나가면 되는지 전혀 알 수가 없고, 점점 일이 쌓여가는 거지요.

그러면서도 즉흥적으로 생각이 나면 확 행동을 해버리니까, 서류를 잘못 작성하거나 자동차 사고를 내거나 소소한 실수와 잘못을 많이 합니다. 사실은 굉장히 머리가 좋은 게 아닐까 하는 생각이 들 때도 있어요. 이런 나 자신이 정말 싫습니다.”

A는 사회인으로 살아가는 데 큰 곤란을 느끼고 있었다. 자기 자신을 가망이 없는 인간이라고 비하하고 멸시까지 하는 정도였다.

나는 A를 “ADHD를 발견하지 못한 채 그대로 어른이 된 후, 이차합병증으로 가벼운 우울 상태에 빠져 있다.”고 진단했다. 그리고 이렇게 말했다.

“지금까지 여러 가지로 힘들었지요. 하지만 이제 괜찮습니다. 약도 먹고 상담도 받고 하면 점점 좋아질 테니까요.”

어른의 발달장애는 적절한 약물요법과 상담 등을 받으면 충분히 치료할 수가 있다. 그 말을 듣고 A는 안심하는 표정을 지었다.

“지금까지 나는 왜 이럴까 하고 쭉 고민해 왔는데, 원인을 확실히 알게 되어 다행입니다. 오히려 속이 시원해졌어요. 더 빨리 왔으면 좋았을 걸 싶네요."

그 후 A는 약물요법과 상담 등을 통해 사회부적응적 요소가 크게 개선되었다. 업무 중 실수나 잘못도 줄어들었고 대인관계에서 고립되는 부분도 적어졌다.

A처럼 발달장애가 있는 줄도 모르고 적절한 치료도 받지 못한 채 어른이 되어 사회에 잘 적응하지 못하고 고통을 겪고 있는 사람이 많다. 게다가 합병증까지 생겨서 더 어려운 상태에 빠져 버린 경우도 적지 않다.

바로 그런 특성 때문에 주변에서는 색안경을 끼고 보는 경향이 있다. 게으름뱅이, 이상한 사람, 제멋대로 자기가 하고 싶은 것만 하는 사람이라는 오해를 하는 것이다. 본인은 어떻게든 세상과 잘 타협해 가려고 한다. 그러나 결과는 늘 제자리에서만 맴돌고 좀처럼 주변의 이해를 얻기가 어려운 것이 현실이다.

그런 과정에서 너무나 지친 나머지 우울증 같은 합병증이 생기는 경우도 많다. 오랫동안 은둔형외톨이 상태에서 벗어나지 못하거나 니트족(일하지 않고 의지도 없는 청년 무직자를 뜻하는 신조어)이 되는 사람도 적지 않다.

그러나 어른의 발달장애는 적절한 약물 치료나 상담 등을 통해서 치료할 수 있다. 평범한 생활을 영위할 수도 있고, 독특한 특성을 살려서 사회에 공헌할 수도 있다.

60여 년에 걸쳐 발달장애인으로 살아온 나 자신의 경험과, 정신과 의사로서 보아 온 임상 경험을 바탕으로 확신을 갖고 말할 수 있다.

어른의 발달장애는 치료할 수 있다. 그렇게 하려면 우선 발달장애를 정확히 알아야 한다. 이런 문제로 고통을 겪고 있는 본인은 물론이고 주변 사람들도 이런 사실을 잘 이해하기를 바란다.

제1장

어른의
발달장애에 관한
오해와 진실

발달장애는
겉으로 잘 드러나지 않는다

발달장애라는 말이 최근 들어 제법 널리 세상에 알려지게 되었다. 신문이나 텔레비전, 일반 서적 등에서도 발달장애를 다루는 경우가 부쩍 늘었고, 이제는 의료계뿐 아니라 교육, 심리, 복지와 같은 폭넓은 분야에서도 주목하기 시작했다.(예를 들어 일본에서는 2000년 4월에 발달장애인의 자립과 사회 참여를 목적으로 '발달장애인 지원법'이 시행되었다. 그리고 2007년 4월에는 특별 지원 교육에 관한 내용이 학교교육법에 포함되었고, 2008년에는 유치원 보육 지침이 40년 만에 개정되었다. 또 최근에는 대학에서도 발달장애를 겪고 있는 학생을 지원하는 체제를 강화하려는 움직임이 나타나고 있다.)

35년 전부터 이 분야를 연구해 온 나로서는 격세지감이 느껴진다. 그러나 한편으로는 발달장애에 대한 이해가 불충분한 상태에서 한꺼번에 판도라의 상자가 열린 것 같아서, 불필요한 혼란을 야기하고 있는 것은 아닌지 은근히 염려되기도 한다.

발달장애는 매우 알아차리기가 어렵고 겉으로 잘 드러나지 않는 장애이다. 그래서 당사자들은 자신의 말이나 행동 때문에 종종 게으름뱅이, 유별난 사람, 버릇없이 제멋대로 행동하는 사람이라는 평판을 들을 때가 많다. 또 주변 사람들에게 오해를 받기도 쉽거니와 이해나 협조를 얻기 어려운 면도 있다.

어정쩡하게 말만 앞세우거나 충분히 이해하지 않은 상태에서는 오히려 발달장애인이나 그 가족들을 더 힘들게 할 염려도 있다. 적절한 보살핌과 지원이 이루어지려면 주변 사람들의 정확한 이해가 반드시 필요하다.

발달장애는
왜 발견하기 어려운가?

앞에서 말한 것처럼 발달장애가 있는 사람은 '조금 이상한' 또는 '조금 문제가 있는' 말과 행동을 보인다. 그 원인은 뇌의 기능장애 때문인 것으로 알려져 있다.

구체적으로 말하자면, 중추신경계(뇌)가 어떤 이유(유전, 태아기 또는 출생 당시의 이상, 유유아기의 질병 등)로 선천적으로 또는 유유아기에 손상을 입으면 발육과 발달에 문제가 생기게 된다. 이로 인해 언어 능력이나 사회성, 협조운동, 기본적인 생활 습관, 감정과 정서를 조절하는 능력 등이 발달하지 못하거나 불균형하게 발달하게 될 때 발달장애가 된다.

자세한 것은 제4장에서 다시 다루겠지만, 간단하게 말하면 발달장애는 뇌의 기능이 들쭉날쭉하게 발달한 데에 원인이 있으며, 일차적으로 가정환경이나 본인의 성격 등과는 관계가 없다. 어디까지나 본질적인 원인은 뇌에 있으며, 마음의 문제가 아니라는 것이다. 이 점을 오해하지 말기 바란다.

뇌 기능이 한쪽으로 치우쳐 발달함으로써 야기되는 장애는 실로 그 범위가 넓고 다양하다. 일반적으로 발달장애라고 하면, 다음과 같은 경우를 들 수 있다.

첫 번째로 주의력이 부족하고 차분하지 못하며 때때로 충동적인 행동을 하는 주의력결핍과잉행동장애(ADHD)가 있다.

두 번째로 사회성(대인기술)이 부족한 광범성 발달장애(PDD)가 있다. 여기에 자폐증, 고기능자폐증(HFPDD：High Function Pervasive Developmental Disorder), 자폐증스펙트럼장애(ASD：Autism Spectrum Disorder), 아스퍼거증후군(AS) 등이 포함된다.

세 번째로는 읽기, 쓰기, 계산하기 등의 능력 가운데 어떤 특정한 학습 능력을 습득하는 데에 어려움을 겪는 학습장애(LD)가 있다.

네 번째는 지적 능력이 떨어지는 지적장애(정신 발달 지연)이며, 다섯 번째로는 운동 능력이 떨어지거나 손놀림이 둔한 발달성협조운동장애 등이 모두 포함된다.

이처럼 발달장애는 그 개념이 매우 광범위하기 때문에 발달장애라는 말 한마디로는 전체적인 모습을 파악하기가 매우 어렵다.

발달장애는 장애의 종류가 다양하고 광범위할 뿐만 아니라 발달장애인 한 사람이 앞에서 말한 여러 장애의 특징을 함께 갖고 있는 경우가 많다. 그리고 장애가 드러나는 방식이 장애의 종류나 발달 단계(나이)에 따라 크게 달라지는 경향이 있다.

예를 들어 똑같은 자폐증이나 ADHD라고 해도 유아기, 아동기, 사춘기, 청년기, 성인기로 발달해감에 따라서 증상이 변화한다. 또 지능지수에 따라서도 증상의 무겁고 가벼운 정도가 달라진다. 지적 수준이 낮은 자폐증과 높은 자폐증은 장애의 특징이나 병적인 증상이 전혀 다르게 나타난다.

발달장애는 가정환경이나 학교환경과 같은 이차적인 심리사회적 요인에 따라서도 장애가 나타나는 방식이 다르다. 또 사춘기에서 청년기, 성인기가 되면서 우울증이나 불안장애, 각종 의존증(약물, 알코올 등), 인격장애 등 다양한 합병증이나 이차 장애를 나타내는 경우가 적지 않다. 바로 이런 이유 때문에 발달장애가 더더욱 복잡하고 발견하기 어려운 것이다.

'봉사 코끼리 만지기'라는 말이 있다. 똑같은 코끼리를 놓고도 다리를 만진 봉사는 '나무'라고 하고, 귀를 만진 봉사는 '나비'라고 한다는 것이다. 다시 말해, 똑같은 대상을 놓고 논한다고 해도 인상이나 평가가 사람에 따라 다르며, 일부분을 갖고서는 그 대상의 전부를 알 수가 없다는 뜻이다.

발달장애가 복잡하고 알기 어렵다는 점을 바로 이 말에 비유할 수가 있다. 한 사람이라고 하더라도 유치원에서 초중고교, 대학교 선생님은 각각 전혀 다른 얼굴을 가진 학생을 상대하는 것과 같기 때문이다.

아이들의 10퍼센트가
발달장애

최근 들어 특히 문제가 되고 있는 발달장애는 지능 수준이 비교적 높은 경도(고기능) 발달장애이다. 구체적으로 말하면 ADHD, 학습장애, 고기능자폐증, 아스퍼거증후군 등이 이에 포함된다.(여기서 경도 발달장애의 '경도'란 지적장애가 가볍거나 혹은 없는 상태, 즉 종합적인 지능지수가 정상 범위 안에 들어간다는 것이며, 장애 자체가 가볍다는 의미가 아니다. 오해를 불러일으키기 쉬워서 최근에는 잘 사용하지 않고 있으나 여기서는 편의상 이 명칭을 그대로 사용하기로 한다.)

경도 발달장애가 세상의 주목을 받게 된 데에는 다음과 같은 세 가지 이유가 있다.

발달장애인의 비율이 예상보다 크다
통계에 따라 다르지만, 예를 들어 ADHD나 학습장애는 15세 미만 아동 인구의 6~12퍼센트, 고기능자폐증이나 아스퍼거증후군은 1.2~1.5퍼센트에 이른다고 한다. 그러나 이 아이들의 대부분이 특수학교나 특별지원 학급이 아닌 일반 학교에 다니고 있다.

스트레스에 대한 내성이 약하고 열악한 환경에 쉽게 영향을 받는다

경도 발달장애인은 스트레스에 대한 저항력이 약하기 때문에 학교에서 따돌림을 당하거나 붕괴된 가정에서 성장하면 부등교, 비행, 소아우울증, 심신질환과 같은 이차 장애나 합병증을 일으키는 빈도가 매우 높은 것으로 나타났다.

직장 또는 사회에 잘 적응하지 못한다

경도 발달장애인은 고등학교나 대학교까지는 어떻게 졸업을 하더라도 그 후 취업을 하거나 사회에 적응하는 데에 곤란을 겪는 경우가 많다. 경우에 따라서는 오랫동안 은둔형외톨이로 지내거나 니트족이 되기도 한다. 또 어른이 된 후에 다양한 합병증, 특히 우울증이나 의존증, 인격장애, 불안장애(신경증)를 동반하는 경우도 있다.

ADHD나 학습장애가 아동 인구의 10퍼센트 안팎에 이른다는 점도 놀랍거니와 따돌림이나 부등교, 은둔형외톨이, 니트족 같은 우리 사회가 안고 있는 문제의 배경에 발달장애가 숨어 있다는 사실에 놀라지 않을 수가 없다. 이에 의료계뿐만 아니라 다양한 분야의 전문가들이 적절한 보살핌과 지원 체계를 확립하는 데 적극적으로 나서야 할 것이다.

어른이 될 때까지
발견하지 못하는 경우가 많다

지금까지 발달장애아라고 하면 '지능이 떨어져 학업을 따라가지 못하는 아이'라고 이해하는 것이 일반적이었다.

그러나 이것은 명백한 오해이며 편견이다. ADHD나 아스퍼거증후군과 같이 눈에 띄게 학교 공부를 따라가지 못하는 것도 아닌 발달장애도 있고, 경우에 따라서는 정상 아동보다 성적이 좋은 발달장애아도 있다. 부모나 선생님들은 이런 점을 상상도 못했을 것이다.

아이가 성장한다는 것은 산수나 국어처럼 학업 성적으로 나타낼 수 있는 인지 능력이나 기억 능력이 발달하는 것만을 뜻하지 않는다. 성장에는 다양한 측면이 있다. 사회성(대인기술) 발달, 감정이나 행동 조절 능력의 발달, 운동(특히 협조운동) 능력의 발달 등 여러 중요한 요소들이 있는 것이다.

이런 것들 가운데 어떤 면이 어느 정도 뒤떨어져 있는가에 따라서 발달장애의 종류가 결정된다.

예를 들면 인지 능력이나 기억 능력이 두드러지게 뒤떨어져 있을 때 학습장애라고 하고, 사회성 발달이 뒤떨어져 있으면 자폐증이라 한다. 감정이나 행동 조절 능력이 발달하지 못한 경우는 ADHD, 운동(특히 협조운동) 능력의 발달이 뒤떨어져 있는 경우는 뇌성마비, 발달이 전반적으로 뒤떨어져 있는 경우는 지적장애라고 크게 나누어 이해하고 있다.

그러나 이런 것들이 명확하게 나뉘는 것은 아니다. 예를 들면 ADHD는 학습장애를 동반하는 경우가 많으며, 중증 자폐증은 지적장애를 수반하는 경우가 많다. 그렇게 단순하지가 않은 것이다.

아무리 학교 성적이 좋다고 해도, 예를 들어 '사회성 발달'이 미숙한 아이가 있다고 생각해 보자. 아마도 학교의 집단행동에 적응하지 못하고 다른 이차 장애나 합병증을 나타내기 쉬울 것이다. 또한 취업을 한다 하더라도 직장에 잘 적응하지 못하리라는 것을 쉽게 상상할 수 있다.

그러나 현실 속에서는 성적이 우수한 아이일수록 발달장애를 못 알아보고 지나치기가 쉽다. 성적이 좋으면 약간 이상한 행동을 하더라도 "저 아이는 좀 유별나니까." 하고 쉽게 지나가기 때문이다. 또 발달장애가 의심되더라도 다른 사람의 이목 때문에 부모든 선생님이든 그 사실을 인정하지 않으려고 하는 측면도 있다. 그리하여 아무런 치료나 상담도 받지 못한 채 어른이 된 경우가 많다.

실제로 최근에 일본 아동청년정신의학회가 발표한 내용에 따르면, 경도 발달장애의 70퍼센트 이상이 사춘기 이후에 부등교나 비행 등의 이차 장애를 나타낸 다음에 발견되었다고 한다. 필자가 외래에서 진료한 '성인ADHD'도 80개의 사례 전부가 어른이 되어서야 발견된 경우였다. 게다가 69개의 사례(86%)는 이런저런 합병증까지 나타났다.

　이런 사실은 성적이 우수한 아이일수록 발달장애를 못 알아보고 지나치기 쉬우며 더 심각한 이차 장애나 합병증을 불러오기 쉽다는 점을 강하게 시사하고 있다.

발달장애에 대한
오해와 편견이 많은 이유

발달장애는 최근에 들어와 급속히 그 인지도가 높아졌다. 그런데 우리 사회나 부모, 선생님들이 발달장애를 바르게 이해하고 받아들이고 있느냐 하면, 유감스럽게도 그렇지 못한 것이 현실이다. 아직도 항간에는 오해와 편견이 흘러넘치고 있다. 알아주는 사람도 없이 적절한 보살핌이나 지원도 받지 못한 채 방치되어 있는 발달장애인이 훨씬 더 많은 실정이다.

그뿐만이 아니다. 발달장애인은 항상 주변 사람들에게 질책 당하고 비난 받으며 놀림감이 되기도 한다. 또 가정에서도 학대나 방치 대상이 되고 있는 경우가 적지 않다. 이차 장애나 합병증을 일으키게 되는 것도 바로 그 때문이다.

그러면 왜 발달장애인(특히 경도 발달장애인)에 대한 오해와 편견을 갖기 쉬운 것일까? 그 이유로 다음과 같은 사항을 들 수 있다.

① 지능이 현저하게 낮지 않고, 학업 성적도 그렇게 나쁘지 않으며, 학력도 낮지 않다.

② 나이와 발달 단계에 따라 장애가 드러나는 양상이 크게 달라진다.

③ 장애가 드러나는 양상과 그 경과에 커다란 개인차가 있다.

④ 사람에 따라서 우울증과 같은 합병증을 나타낸다.

예를 들어 ADHD의 경우를 보자. 선생님들은 대부분 이런 경우에 '차분하지 못하고 참을성이 없으며 쉽게 화를 내는 아이'라는 선입견을 갖고 있다.

의학적으로 이런 유형의 아이를 과잉행동충동성우세형이라 하는데, ADHD에는 이런 유형만 있는 것이 아니다. 오히려 주의력결핍우세형 또는 양쪽의 특징을 모두 갖고 있는 혼합형이 많다. 고기능자폐증이나 아스퍼거증후군에도 이와 같은 아형이 있을 것이라고 보고 있다.

주의력결핍우세형은 과잉행동충동성우세형과 달리 과잉행동이나 충동성은 눈에 띄지 않는다.

그 반면에 '주의력이 부족하다', '잘 잊어버린다', '정리정돈을 못한다', '감정이 불안정하고 쉽게 침울해진다', '인간관계가 미숙하고 쉽게 고립된다', '다른 사람과 대화하는 것이 서투르다', '학업을 잘 따라가지 못한다' 등과 같은 경향을 나타낸다. 그래서 교실에서도 고립되어 있기 쉽고 따돌림을 당하거나 부등교에 이르는 경우도 적지 않다.

주의력결핍과잉행동장애를 '차분하지 못하고 참을성이 없으며 쉽게 화를 내는 증상'으로만 이해한다면, 앞에서 말한 바와 같은 경향을 보이는 주의력결핍우세형 아이는 보살핌과 지원 대상에서 소외되고 말

것이다.

　이런 아이가 주변의 몰이해와 오해, 편견 속에서 사춘기와 청년기를 맞이하게 될 때, 다양한 이차 장애나 합병증을 일으키게 된다. 나아가 어른의 발달장애 문제를 나타내게 되는 것이다.

발달장애는
아이들만의 문제가 아니다

비교적 중증인 자폐증이나 광범성 발달장애는 아이일 때뿐만 아니라 어른이 된 이후에도, 즉 일생 동안 장애를 보인다. 이러한 사실은 잘 알려져 있다.

그보다 더 가벼운 발달장애인 ADHD에 대해서는, '아이 특유의 장애로서 어른이 되면 낫는 것'으로 생각되었기 때문에 '성인ADHD'라는 의학용어 자체가 없었다. 어른에게는 ADHD가 있을 수 없다고 생각했던 것이다.

1980년 미국 정신의학회는 정신장애의 진단 기준인 'DSM-Ⅲ'을 작성하면서 '주의력결핍장애(ADD : Attention Deficit Disorder)'를 채용했다. 비로소 '부주의'와 '과잉행동', 나아가 '충동성'을 서로 독립적인 것으로 파악하기에 이르렀다. 그때까지는 오늘날 ADHD에 해당하는 장애는 '미세뇌기능장애(MBD : Minimal Brain Dysfunction)'라고 불렸다.

ADD는 1987년에 나온 개정판 'DSM-Ⅲ-R'에서 ADHD로 명칭이 변경되었다.

당시 필자의 연구 주제가 미세뇌기능장애였는데, 이 역시 아이 특유의 장애로 여겨지고 있었다. 그러므로 '성인 미세뇌기능장애'라는 의학용어는 존재하지 않았다. 선입관이란 참으로 무서운 것이어서, 나도 그렇고 다른 정신과 의사들도 모두 '차분하지 못하고 쉽게 화를 내는 아이들'만을 염두에 두고 있었다. 이와 같은 장애를 어른들도 갖고 있을지 모른다는 생각을 전혀 못하고 있었던 것이다.

그러나 수많은 연구자들이 장기간에 걸쳐 미세뇌기능장애와 ADHD 추적 연구를 진행함에 따라, 이런 장애가 아이일 때뿐만 아니라 어른이 되어서까지도 지속된다는 사실이 밝혀졌다. 1990년대 이후의 연구에 따르면, 소아기에 ADHD의 기왕력이 있었던 성인의 31~66퍼센트가 성인이 된 다음에도 그대로 ADHD 증상을 가지고 있었다고 한다.

그러면 성인 ADHD는 실제로 그 비율이 어느 정도나 될까?

미국 매사추세츠 주에서 운전면허를 갱신하려는 사람들이 작성한 설문용지를 검토한 결과, 4.7퍼센트의 성인이 ADHD에 해당하는 것으로 나타났다. 다만 이 데이터는 어떤 진단 기준을 선택하느냐에 따라 달라질 수 있다. 최근에 발표된 미국의 연구 결과에 따르면, 쉽게 발견하기 어려운 주의력결핍우세형 ADHD가 인구의 7퍼센트에 이르며, 다른 유형을 모두 포함하면 인구의 12.8퍼센트가 ADHD 진단 기준과 일치할 것이라고 한다. 그러니 어른 10명 중 1명이 ADHD라는 말이 되는 것이다.

어른의 발달장애가
발견되기 어려운 이유 세 가지

이렇게 장애를 안고 있는 사람이 많은데, 왜 어른의 발달장애는 지금까지 인정받지 못한 것일까?

그 이유로 다음 세 가지를 들 수 있다.

① 성격이나 개성의 문제로 오해하기가 쉽다.
② 발달장애의 양상이나 병적 증상에 변화가 커서 알아차리기가 어렵다.
③ 전문의가 매우 부족하다.

우선 지적하지 않을 수 없는 것이 이해 부족과 그에 따른 오해이다. 보통 사람의 눈에는 ADHD의 특징이 마치 그 사람의 성격이나 개성인 것처럼 보인다. 그렇기 때문에 주변 사람들도 그렇고 본인 자신도 "조금만 노력하면 극복할 수 있는 문제다. 그렇게 하지 못하는 것은 노력이 부족해서다."라고 생각하는 경향이 있다.

성격이나 개성 문제로 정리해버리니, 당연히 전문가와 상담한다는 것은 생각조차 하지 못한다.

ADHD의 경우에 쉽게 볼 수 있는 증상이 '정리정돈을 못한다', '참을성이 없고 쉽게 화를 낸다', '사람의 말을 듣지 않는다', '분위기 파악을 못한다' 하는 것들이다. 얼핏 보면 누구한테서나 찾아볼 수 있을 법한 문제들이다.

실제로 외래에서 본인이나 가족에게 경도 발달장애 증상을 설명하면, 누구나 처음에는 "그런 사람들이야 주변에서 흔히 볼 수 있는 거 아닌가요?" 하는 반응을 보인다.

실제로 그런 문제는 어디서나 누구에게서나 흔히 볼 수 있다. 그러나 그런 문제가 하나의 증상으로 한 사람에게 나타나는 경우에는 사정이 다르다. 학교나 직장에도 적응하지 못하고, 최악의 경우에는 일상생활조차 곤란한 지경에 이르기 때문이다.

두 번째 이유는, 어른이 되면 발달장애의 병적 증상들이 크게 변하기 때문에 쉽게 알아차리기 어려워진다는 것이다.

어른의 발달장애는 우울증이나 알코올의존증, 인격장애 등과 겹쳐서 나타나는 경우가 많다. 그리하여 발달장애의 본래 증상이 그 뒤로 숨어버리는 것이다.

이런 경우에는 우울증이든 알코올의존증이든 본래 발달장애가 있어서 거기에 증세가 겹쳐지게 된 것인지, 아니면 발달장애를 앓은 경험 없이 처음부터 우울증이나 알코올의존증이 된 것인지, 어른이 된 이후에는 거의 판별하기가 어렵다.

그래서 전문가가 필요한 것인데, 유감스럽게도 전문가가 극히 적은 것이 현실이다. 이것이 어른의 발달장애를 발견하기 어려운 세 번째 이유이다.

발달장애를 진단하고 치료하는 의사는 대부분이 아동정신과 의사이다. 그런데 일본의 아동정신의학은 서구에 비해 30~40년 정도 뒤떨어져 있어서, 최근까지도 진료과목을 분명히 내거는 것조차 인정받지 못하고 있다.

어른의 발달장애를 진단하고 치료하려면 환자가 호소하고 있는 표면적인 증상이나 행동에 얽매이지 말아야 한다. 환자의 어린 시절까지 거슬러 올라가, 발달장애 증상이 있었는지 또는 발달 과정은 어떠했는지 등을 상세히 들어보아야 한다.

어른의 발달장애가 예상 외로 많다는 것이 밝혀지고 있는 지금, 전문의를 육성하는 것이 무엇보다 시급한 과제라 하겠다.

장애라는 말에서 생기는
오해와 편견

이 책의 제목에 발달장애라는 말을 쓰긴 했지만, 필자는 주의력결핍과 잉행동장애나 아스퍼거증후군 등을 포함해 발달장애라는 명칭에 강한 거부감을 느끼고 있다. 왜냐하면 '장애'라는 말이 오해와 편견을 불러 일으키기 쉽기 때문이다.

예를 들어 ADHD는 앞에서 설명한 바와 같이 1987년에 미국 정신 의학회가 작성한 진단 기준인 DSM-Ⅲ-R에 처음 등장한 의학용어이다. 애초에 ADHD(Attention Deficit Hyperactivity Disorder)의 'Disorder'를 '장애'로 번역한 번역자에게 일단의 책임이 있다고 생각된다.

DSM-Ⅲ-R을 보면, 밤에 잠을 이루지 못하는 것을 '불면장애', 밤에 자다가 오줌을 싸는 야뇨증을 '배설장애'라고 하고 있다. 이렇게 명칭 을 붙인 데서도 알 수 있듯이, '어떤 행동이나 일상생활을 수행하는 데 에 다소 불편함이 있는 것'을 뜻하는 의미로 'Disorder'라는 용어를 쓰고 있는 것이다.

그런데 사람들은 '장애'라고 하면 극단적인 경우에는 중증의 심신장애나 정신장애를 떠올린다. 이것이 바로 본인이나 가족들의 거부감('나' 또는 '우리 아이'는 절대로 정상이다!) 또는 주변의 오해와 편견을 야기하는 커다란 원인이 되고 있다. "번역과 원작은 같지만 다르다." 또는 "번역자는 반역자다."라는 격언이 딱 들어맞는 경우라 하겠다.

명칭 때문에 비롯되는 오해가 또 한 가지 있다. 예를 들어 ADHD라는 명칭을 들으면, 아무래도 '주의력 결핍'이나 '과잉행동' 같은 행동 측면의 문제만을 떠올리게 된다는 것이다.

그러나 ADHD는 행동 측면에만 문제가 있는 것이 아니다. 사회성이나 학습 기능, 인지 기능, 운동 기능 등 다양한 측면에서 발달 미숙 또는 불균형이 나타나며, 오히려 그런 증상 때문에 사회 부적응 문제가 일어나기 쉽다.

이러한 이유 때문에 필자는 학회나 연구회에 참석할 때마다 ADHD나 아스퍼거증후군을 '발달불균형증후군'이라고 부를 것을 제안하고 있다.

장애가 아니라
불균형의 문제다

발달 수준의 차를 '발달불균형증후군'이라는 시각에서 알기 쉽게 나타낸 것이 그림 1이다.

예를 들어 생활연령(실제 나이)이 10세인 경우를 보자. 정상 아동이라면 여러 측면의 발달 정도 역시 나이와 조응해, 대부분 10세 수준을 나타낸다. 또 지능지수가 50인 지적장애아의 경우는 그림과 같이 모든 것의 발달 수준이 생활연령의 절반인 5세 아동 정도와 같다. 전체적으로 보면 들쭉날쭉하지 않고 발달의 균형이 잘 잡혀 있다.

그런데 발달장애의 경우는 이와 다르다. 그림과 같이 발달 측면에 따라서 8~9세 또는 그 이하의 수준을 보이는 면과 10세 이상의 면이 뒤섞여 불균형한 모습을 보이고 있다. 경우에 따라서는 11~12세 수준을 보이는 측면도 있을 수 있다.

나아가 아스퍼거증후군(고기능자폐증)의 경우에는 발달 측면에 따라 그 수준이 12~14세에 이르기도 하고 6~8세에 그치기도 하는 등 ADHD보다 더욱 불균형한 모습을 나타낸다. 저기능자폐증의 경우에는 ADHD와 똑같이 불균형한 모습을 보이지만, 전체적으로 그 수준이 더 낮다.

이와 같이 ADHD, 아스퍼거증후군, 자폐증을 보이는 아동은 정상 아동이나 지적장애 아동에 비해 뇌의 발달 상태가 불균형한 모습을 나타낸다. 그리하여 더 잘하는 부분이 있는가 하면 모자라는 부분도 있고, 그중에는 정상 아동보다 뛰어난 능력을 나타내는 면도 있다. 그런 상태가 어른이 된 다음에도 지속된다.

본인이나 주변 사람들이 발달장애를 이해하기 어려운 이유가 바로 여기에 있다. 그러므로 부모나 선생님, 주변 사람들이 모두 "너는 저건 그렇게 잘하면서 이건 왜 이렇게 못하는 거냐?" 하며 의문을 나타낸다. 발달장애의 특징을 이해하지 못하는 상황에서는 무리가 아니다.

"못하는 것이 아니고 본인이 게으르고 노력을 안 해서 그런 것이다. 그러니까 노력하면 될 것이다." 주변 사람들로서는 당연히 이런 생각이 들 것이다. 그 원인이 바로 '뇌의 발달과 발육 불균형'에 있다는 생각은 그 누구도 하지 못한다.

발달장애를 가진 사람들은 이렇게 보통 사람들이 다들 할 수 있는 것을 못한다. 반면에 어떤 특정 영역에서는 보통 사람들이 전혀 흉내도 내지 못할 정도로 아주 뛰어난 재능을 발휘하는 경우가 있다.

이와 같이 발달장애가 있는 사람 중에는 어떤 뛰어난 재능을 한 가지 갖고 있는 사람이 많다. 제6장에서 소개할 역사상의 위대한 인물들처럼, 최고의 과학자나 예술가, 음악가 등이 될 수 있는 사람이 많은 것이다.

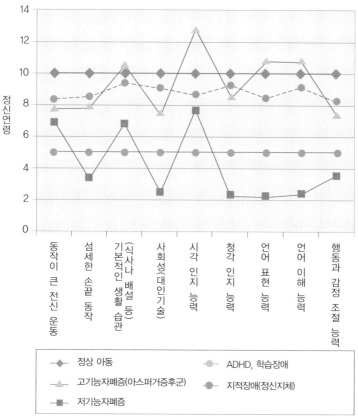

그림1 '발달불균형증후군'이라는 시각에서 바라본 발달 수준의 차

그래프의 세로축은 정신연령, 가로축은 다음 항목들이다: 동작이 큰 전신 운동, 섬세한 손끝 동작, 기본적인 생활 습관(식사나 배설 등), 사회성·대인기술, 시각 인지 능력, 청각 인지 능력, 언어 표현 능력, 언어 이해 능력, 행동과 감정 조절 능력

범례: 정상 아동 / ADHD, 학습장애 / 고기능자폐증(아스퍼거증후군) / 지적장애(정신지체) / 저기능자폐증

그래프는 생활연령을 10세인 시점에 놓고서 여러 발달장애의 발달 측면을 나타낸 것이다. 항목에 따라서 미숙한 면만 있는 것이 아니라 뛰어난 측면도 있다는 것을 알 수 있다.

　그러므로 "저 사람은 저걸 못한다." 하면서 발달 측면의 부정적인 면만을 바라볼 것이 아니라 "저 사람은 그거라면 할 수 있다. 아주 잘한다."라고 긍정적인 면으로 눈을 돌려야 한다. 저 사람만이 갖고 있는 재능을 살리는 방법을 생각해야 하는 것이다. 그렇게 할 때 발달장애를 안고 있는 사람들은 놀라운 재능을 보여주며 다가올 것이다.

이와 같이 '발달장애'가 아니라 '발달불균형증후군'의 시각으로 본다면, 본인이나 가족은 물론이고 주변 사람들도 받아들이기 쉽고 이해하기 쉽지 않을까 생각한다.

우선 받아들이고
인정하는 것부터

필자는 발달불균형증후군을 갖고 있는 사람을 600명 이상 진료하고 있다. 요즘 들어 우선 '받아들이는 것(수용)'과 '인정하는 것(인지)'이 중요하다는 사실을 절실하게 느끼고 있다.

대부분의 ADHD나 아스퍼거증후군 아이들은 부모나 선생님한테 인정받지 못하고 있다. 그리고 부모나 선생님도 아이들의 ADHD나 아스퍼거증후군을 받아들이지 않고 있다. 이 아이들이 그대로 커서 어른이 되어 합병증을 일으키면, 그 배경에 있는 발달장애는 더더욱 알아차릴 수가 없게 된다. 비극의 연속인 것이다.

발달장애가 있는 사람은 본래 정상인에 비해 스트레스에 대한 저항력이 훨씬 약하다. 그렇기 때문에 특별히 더 따뜻한 이해심을 가지고 다가가고 또 대응해야 할 필요가 있다.

그러나 현실 사회에서 이들은 정반대로 냉정한 취급을 받고 있다. 발달장애인들이 사춘기와 청년기 이후에 다양한 합병증이나 이차 장애를 보이는 것도 어쩌면 당연한 귀결이라 하겠다.

이러한 비극을 조금이라도 줄이려면, 본인이나 주변 사람들이 가능한 한 빨리 발달장애라는 사실을 받아들이고 인지해야만 한다. 바로 거기서부터 모든 것이 시작되기 때문이다.

이제 다음 제2장에서는 발달장애의 구체적 증상을 소개하고, 아울러 자신이 발달장애인지 아닌지를 스스로 진단해볼 수 있는 진단 기준을 설명하기로 하겠다.

제2장

이런 사람이
발달장애일지
모른다

주의력 결핍,
과잉행동 장애의 특징

지금까지 여러 번 지적했듯이, 발달장애는 장애의 종류가 다양하고 광범위해서 그 증상을 하나로 일괄하여 말하기가 매우 어렵다.

비교적 증상이 심한 중증 발달장애에 관한 설명은 다른 전문가에게 맡기고, 이 책에서는 증상이 가벼운 경도 발달장애를 다루려고 한다. 그중에서도 어른의 발달장애 가운데 가장 유병률이 높은 ADHD를 중심으로, 기본적인 증상과 부차적인 증상을 설명해 나가고자 한다. 우선 ADHD를 다루고, 그 뒤를 이어 아스퍼거증후군과 여성의 ADHD를 설명하겠다.

ADHD는 나타나는 증상에 따라 다음 세 가지 유형으로 나누어진다.
  ① 과잉행동충동성우세형
  ② 주의력결핍우세형

③ 혼합형

제2장 끝 부분을 보면 ADHD를 스스로 진단해볼 수 있는 진단 리스트가 세 종류 나와 있다(표2~표4). 이 중 미국 정신의학회가 작성한 표2는 소아기의 ADHD를 대상으로 한 것이며, 어른은 적용 대상이 아니다.

앞에서도 이야기했듯이, 사춘기나 청년기 이후에는 이런 증상이 뒤로 숨어버리고 다양한 이차 장애나 합병증이 나타나기 때문에 정확히 판단하기가 어려워진다.

그러나 ADHD의 기본 증상은 어디까지나 표2에 나타난 것처럼 '과잉행동', '주의력 결핍', '충동성' 세 가지다. 이 가운데 과잉행동 증상은 아동기(초등학교) 후반이 되면 상당히 개선된다. 그러나 주의력 결핍과 충동성은 사춘기와 청년기를 지나 어른이 된 다음에도 계속된다.

어른의 ADHD 증상을 앞에서와 같이 ①~③의 세 가지 유형으로 나누는 것은 이 때문이다. 진단 기준으로는 표3의 웬더·유타의 진단 기준과 표4의 에드워드 할러웰과 존 레이티의 진단 기준이 널리 알려져 있다.

그러나 이들 표는 다만 증상을 나열해 놓은 것일 뿐이기 때문에, 일반인이 이것을 보고 발달장애인지 아닌지를 판단하는 것은 매우 어려운 일이다.

그러므로 여기서는 내가 항목별로 정리해 놓은 독자적인 진단 기준(표1)을 사용하여, 어른의 ADHD가 어떤 식으로 나타나는 경향이 있는지 구체적으로 이야기해 보려 한다.

기본 증상

1 과잉행동(운동 과다) _ 늘 차분하지 못하고 안절부절못한다

ADHD 증상 가운데 특히 과잉행동충동성우세형인 아이는 유아기부터 아동기 전반에 걸쳐 차분하지 못한 과잉행동 경향을 두드러지게 나타낸다.

그러나 아동기 후반에서 사춘기에 이르면 이런 경향이 서서히 개선되어 간다. 어른이 되면 전체적으로 과잉행동 증상이 눈에 띄지 않게 되며, 그보다는 뭔가 조급해하고 안절부절못하는 다른 형태의 모습을 보이게 된다.

이들은 느긋하고 여유 있는 태도를 취하지 못하며, 늘 조급하게 뭔가를 한다. 모두가 한결같이 "오랜 시간 가만히 있으면 도리어 답답해진다."고 말한다.

그렇기 때문에 이들은 볼일도 없으면서 괜히 왔다 갔다 하고, 자리에 앉아 있을 때도 수시로 이리저리 자세를 바꾼다. 손가락으로 책상을 톡톡 두드리며 소리를 내거나 다리를 달달 떨기도 한다. 또 입으로는 일방적으로 빠른 목소리로 쉬지 않고 이야기를 할 때도 있다. 이것을 두고 '혀의 과잉행동'이라고 보는 전문가도 있다.

나중에 설명하겠지만, 이들은 또한 '신기한 것을 추구하는 경향'이 있다. 그래서 새로운 자극을 찾아 차례차례 흥미와 관심 대상을 옮겨가며 새로운 취미 활동과 레저 활동에 눈을 돌린다.

또 여러 직업을 전전하거나 반복해서 이사를 하기도 하고, 사귀는 상대를 빈번히 바꾸며 이성 관계를 차분히 지속하지 못하는 경우도 있다.

표 1 성인 ADHD의 주요 진단 기준

기본 증상

기준 항목	구체적인 특징
1 과잉행동(운동 과다)	늘 차분하지 못하고 안절부절못한다.
2 주의력 결핍(주의 산만)	주의가 산만하며 한 가지 일에 집중하지 못한다.
3 충동성	앞뒤를 생각하지 않고 생각나는 대로 확 행동해 버린다.
4 일을 미루는 경향과 업무 부진	해야 할 일을 미루는 바람에 업무가 점점 쌓여 간다.
5 감정의 불안정성	기분파로 감정이 불안정하고 자기 자신을 조절하는 능력이 부족하다.
6 낮은 스트레스 내성	걱정이 너무 많아서 강한 불안감에 휩싸이기 쉽다.
7 대인기술과 사회성 부족	대인관계에 필요한 기본적인 기술이 부족해서 고립되기 쉽다.
8 낮은 자기 평가 수준과 자존감	부정적인 사고로 매사를 부정적, 비관적으로 받아들이며 피해의식을 갖기 쉽다.
9 신기한 것을 추구하는 경향과 독창성	싫증을 잘 내며, 한 가지 일을 오래 지속하지 못한다.

그 밖에 수반되는 증상들

기준 항목	구체적인 특징
10 정리정돈을 못하고 건망증이 심하다.	기억장애 때문에 어떤 일을 착착 순서에 맞게 해나가지 못한다.
11 계획성이 없고 관리 능력이 부족하다.	돈, 시간, 서류 등을 잘 관리하지 못한다.
12 쉽게 사고를 내는 경향이 있다.	집중력이 떨어져 신호나 표지 등을 못 보고 지나치는 경향이 있다.
13 수면장애와 낮 시간의 졸음	수면부족 때문에 교통사고 등을 일으키기 쉽다.
14 이상한 습벽	손톱 깨물기, 틱장애, 발모벽, 다리 떨기 등.
15 의존증이나 기벽행동에 빠지기 쉽다.	술, 담배, 약물, 도박 등에 빠지기 쉽다.
16 광적으로 몰두하는 경향	어떤 것에 지나치게 집중하거나 집착하는 경향을 보인다.

이런 것들이 모두 넓은 의미에서 과잉행동 경향과 관련이 있다.

2 주의력 결핍(주의 산만) _ 주의가 산만하고 집중하지 못한다

주의력 결핍 증상은 모든 발달장애인에게 공통적으로 나타나는 가장 큰 특징이자 ADHD의 핵심적인 증상이다. 그 이유는 뇌의 가벼운 기능장애 때문이다. 비록 눈을 뜨고 있다고 해도 흥미를 못 느끼거나 관심이 없는 일에는 뇌의 각성 수준이 떨어져 주의가 산만해지는 것이다. 그래서 쉽게 정신이 어수선해지고, 한 가지 일에 오래 집중하지 못한다.

그 결과 직장 업무, 집안일, 공부, 회의, 독서 등을 하다가 중간에 집중력이 끊어지고 의식이 다른 세계로 날아가 버리는 일이 생긴다. 극단적인 경우에는 졸음에 빠지거나, 때로는 멍한 상태가 되어 자신만의 세계로 여행을 떠나기도 한다. 하지만 본인은 그런 것을 거의 의식하지 못한다.

직장에서 일을 하다 보면 상사나 동료, 거래처 사람 등과 차분하게 이야기를 나누어야 할 때가 있다. 그러나 성인ADHD인 사람은 주의력이 부족해서 상대방의 이야기를 제대로 듣지 못하고 자기가 말하고 싶은 것만 일방적으로 늘어놓는 경향이 있다.

가정에서도 마찬가지이다. 배우자나 아이들에게 자기가 하고 싶은 말만 하고, 상대방의 이야기에는 귀를 잘 기울이지 않는다.

물론 이런 점을 동료나 상사, 거래처 등이 봐줄 리가 없다. 가족들은 당연히 욕구 불만을 갖게 된다.

이처럼 주의력이 부족하고 업무나 학업에 집중하지 못하기 때문에 아무리 열심히 해도 성과를 잘 내지 못한다. 그것이 큰 결점으로 남게 된다. 마찬가지 이유로 가족들 사이에서도 쉽게 틈이 벌어진다.

또한 이런 부주의 경향 때문에 가정에서나 직장에서 계획성 없이 행동한다. 그리고 무엇인가 '관리하는 일'을 못한다. 구체적으로 예를 들면 이런 경우가 있다.

금전 관리를 못하기 때문에 계획성 있게 돈을 쓰지 못하고 낭비벽 또는 충동구매에 휩쓸리기가 쉽다.

시간 관리 능력도 부족해서 회사일이나 잡무를 계획적으로 처리하지 못한다. 그리고 정해진 일과를 다 마치는 것이 몹시 벅차다.

또 정리정돈을 할 줄 모르고 무엇이든 하던 채로 그냥 놔둔다. 옷도 벗은 채로 놔두고 책도 읽던 채로 놔두고 음식도 먹던 채로 놔두고 텔레비전도 보던 채로, 문이나 창문도 열어 놓은 채로 그냥 놔둔다. 그러니 방이 쓰레기장이다.

서류나 장부 등을 관리하는 데 서투르니 실수가 많다. 인사 관리도 제대로 못한다.

자동차를 운전할 때도 신호를 못 보고 지나친다든가 해서 쉽게 사고를 내고, 직장에서도 기계나 도구 조작에 실수가 많아 산업재해나 노동 중 사고로 이어질 가능성이 크다.

발달장애가 있는 사람에게 직업진로지도가 지극히 중요한 이유가 바로 여기에 있다. 이러한 사고를 예방해야 하기 때문이다.

결과적으로 보면, ADHD인 사람은 일을 하면서 실수나 실패를 되풀이하는 경우가 많을 수밖에 없다. 그리고 성공 경험이나 성취감이 부족하다. 그렇기 때문에 아무리 노력해도 긍정적인 자아상을 갖기가 어렵고 열등감이나 소외감을 느끼기 쉽다. 그리고 자신이 '아무것도 못하는 가치 없는 인간'이라는 생각(자기비하)에 빠지는 경향이 강하다. 우울증 같은 것이 함께 나타나기 쉬운 것은 이 때문이다.

ADHD의 주의 산만함이나 주의력 결핍 증상은 물론 뇌의 기능장애가 그 원인이다. 여기에다 그와 함께 나타나는 '뇌의 정보 필터 기능' 저하가 또 하나의 원인인 것으로 생각되고 있다.

인간의 뇌에는 '필터 기능(선택적 주의집중 기능)'이라는 것이 있다. 밖에서 들어오는 막대한 양의 정보 가운데 필요한 것만을 선택해서 사고 활동을 담당하는 전두엽으로 보내는 기능이다.

예를 들어 어떤 파티에 참석했다고 해보자. 정상적인 뇌라면 주변이 다소 시끄럽고 잡음이 많더라도 필터 기능을 작동시켜 특정 상대의 이야기에만 귀를 기울인다. 그 밖의 잡음은 무의식적인 선택적 주의집중을 통해 꺼버릴 수가 있다. 이것이 영국의 인지과학자인 콜린 체리가 말한 칵테일파티 효과라는 것이다.

ADHD인 사람은 이 필터 기능이 미숙하기 때문에 주변의 소음과 잡음을 무차별적으로 뇌 속에 집어넣어 버린다. 그리하여 한 곳에 주의를 집중하지 못하고 산만한 모습을 보이는 것이다. 선생님 또는 상사나 동료들과 이야기할 때 집중하지 못하는 이유가 바로 이 때문이다.

이런 현상을 '부주의 또는 주의의 전도성 항진'이라고 부른다. 자폐증이나 아스퍼거증후군의 경우에는 이런 증상이 더욱 심하다. 또 저기능자폐증의 경우에는 소리에 비정상적으로 민감한 청각과민 현상을 보여 공황 상태에 이르기도 한다. 그중에는 밖에서 들려오는 소리를 차단하려고 귀를 틀어막는 행동을 하는 경우도 있다.

3 충동성 _ 앞뒤를 생각하지 않고 생각나는 대로 행동해 버린다

ADHD 증상 가운데 충동성은 일생 동안 지속되는 것으로, 자신은 물론이고 주변 사람들에게 매우 심각하고 위험한 영향을 미치기도 한다.

충동성은 보통 사람으로서는 잘 알아차리거나 파악하기가 어려운 증상이므로 아이를 예로 들어 설명하겠다.

ADHD인 아이는 매사에 옳고 그름이나 앞뒤를 전혀 생각하지 않는다. 그저 즉흥적으로 생각나는 대로 바로 행동에 옮겨버리고, 할 말이 떠오르면 바로 입 밖에 내버린다.

예를 들어 행동 측면에서 보면 이런 경우가 있다. 쉬는 시간에 반 친구들이 어떤 순서나 규칙에 따라 놀고 있는데, 갑자기 불쑥 나서서 제멋대로 말하거나 행동하여 방해를 하는 것이다. 또 산책을 하다가 사나운 개한테 손을 내밀어 물리기도 하고, 자동차가 달리고 있는 길을 위험하게 앞뒤 돌아보지도 않고 건너기도 한다.

또 말하는 측면을 보면 이런 경우가 있다. 어머니와 함께 길을 가다가 갑자기 어떤 모르는 사람을 손가락으로 가리키며 큰 소리로 떠든다. "엄마, 저 이상한 사람 좀 봐! 저 사람, 생긴 게 이상해." 하면서 상대방에게 소리가 들릴 정도로 크게 말한다. 또 집에 손님이 왔는데 "엄마, 나 텔레비전 볼래요. 손님은 언제 가요?" 하기도 한다. 학교에서도 "너는 왜 이렇게 키가 작으냐?" 또는 "공부도 되게 못하네." 하며 친구에게 상처가 될 말을 아무렇지도 않게 툭툭 내뱉는다.

ADHD인 아이는 이런 행동 때문에 부모에게 자주 야단을 맞는다. 학교에서도 따돌림을 당하거나 친구를 못 사귀는 일이 일어난다. 하지만 본인은 전혀 악의가 없다. 자기가 무엇을 잘못했는지 전혀 눈치도 채지 못한다. "나는 아무것도 잘못한 게 없는데 나만 야단치고 따돌린다."고 생각한다.

이런 충동성은 어른이 되어서도 그대로 유지된다. 이들은 대화하는 도중이든 업무를 보거나 한창 회의를 하는 도중이든, 그때그때의 기분이나 즉흥적인 생각을 그대로 발설하고 행동해 버린다. TPO, 즉 시간과 때와 경우에 따라 분간하여 행동할 줄을 모르는 것이다.

그렇기 때문에 그 자리에 어울리는 '분위기 파악'을 하지 못하고 빈축을 사거나 상대방에게 상처를 주기도 한다. 또 직장에서도 돌발적인 실수를 반복하고, 사적인 면에서도 충동구매를 하거나 과음을 일삼거나 도박을 하다가 큰 손해를 보거나 번번이 교통사고를 일으키거나 하는 것이다. 이성하고도 그때그때 분위기나 상황에 따라 관계를 맺는 경우가 많다. 그래서 종종 바람을 피우거나 불륜을 저지르고, 성병이나 임신과 같은 커다란 리스크를 짊어지기도 한다.

ADHD인 사람은 이처럼 즉흥적인 언동을 반복하기 때문에 주위의 신뢰를 쉽게 잃어버리고, 친구나 상사 또는 동료들과도 갈등이 끊이지 않는다.

말과 행동이 늘 느닷없고 조심성이 없기 때문에 가정에서도 배우자나 아이들과 갈등이 많고 이혼율이 높은 것이 특징이다. 가정폭력이나 아동학대로 이어지는 사례도 있다.

또 ADHD인 사람은 자기 평가 수준이 낮고 자존감도 낮은 경향이 있다. 이것은 앞에서 이야기한 주의력 결핍 경향 때문이기도 하지만, 즉흥적인 언동으로 실수와 갈등을 반복해서 일으키는 충동성과도 깊은 관계가 있다.

사람의 뇌 안에서는 도파민, 노르아드레날린, 세로토닌과 같은 신경 전달물질이 분비된다. 그중에서 특히 세로토닌이 부족하면 충동이나 욕망을 잘 조절하지 못하게 된다고 한다. 일반적으로 ADHD의 충동성은 여기에 원인이 있는 것으로 알려져 있다. 우울증을 보이거나 알코올 또는 약물 의존증에 빠지는 것도 이 때문이다.

4 일을 미루는 경향과 업무 부진 _ 기한을 지키지 못해 일이 쌓여간다

ADHD인 사람은 어렸을 때부터 해야 할 일을 미루는 경향을 보인다. 이를 ADHD의 '미루는 경향'이라고 하는데, 다음과 같은 것들이 그 원인이라고 생각된다.

① 자신이 흥미나 관심을 느끼는 것을 우선으로 생각한다.
② 자신이 해야 할 일을 금방 잊어버린다.
③ 새로운 것에 심리적 저항감이나 불안을 강하게 느낀다.

그리하여 반드시 해야 하는 일인데도 무시하고 넘어간다. 그리고 하기 싫은 일이나 잘 못하는 일은 멀리해, 점점 해야 할 일이 쌓여간다. 그러다 보면 무엇을 해야 하는지 까맣게 잊어버리고 만다.

이들은 시간 관리를 잘 못하기 때문에 앞일을 예상하고 계획을 세워서 계획적으로 행동할 줄 모른다. 이것이 일을 미루는 경향을 더욱 부추긴다. 그래서 아침에는 등교 준비를 못해서 꾸물거리고, 밤에는 게임이나 텔레비전에 빠져서 숙제할 생각을 못하는 것이다. 이러다 보니 매일같이 어머니에게 "뭐 하고 있니. 빨리 학교 갈 준비 안 하고!" 하며 야단을 맞는다.

ADHD인 사람은 어른이 된 다음에도 일을 미루는 경향이 지속된다. 집에서든 직장에서든 해야 할 일을 자꾸 미루기 때문에 할 일이 산더미처럼 쌓여 있다. 또 매사에 우선순위를 매기지 못하고 이 일 저 일을 동시에 진행하기 때문에 아무리 시간이 지나도 일이 끝나지를 않는다.

이런 이유로 기한 안에 일을 마치지 못하거나, 제출해야 할 서류를 마감 시한까지 맞추지 못할 때가 많다. 또 대금을 지불해야 할 기한을 지키지 못하거나 약속을 깜빡 잊어버리기도 한다. 그러니 좋은 직장을 바랄 수가 없다. 그뿐인가. 주변 사람들의 신뢰도 계속 잃어만 간다.

5 감정의 불안정성 _ 그저 '몸만 자란 아이들'

ADHD나 아스퍼거증후군 같은 발달장애가 있는 사람들의 큰 특징 중 하나가 자신의 기분이나 감정을 스스로 조절하지 못하고 지극히 불안정하다는 점이다.

ADHD 가운데 과잉행동충동성우세형의 경우에는 자기 생각대로 되지 않으면 아주 사소한 일이라도 금방 기분 나빠한다. 그리하여 순간온수기처럼 갑자기 화가 나는 감정을 폭발한다. 이 때문에 주위에서는 성미가 급하고 쉽게 욱하며 느닷없이 성질을 잘 내는 사람이라고 생각한다.

욱하고 화가 났을 때 이들은 일종의 해리 상태(사고나 감정과 같은 정신 기능의 일부가 자신과 분리된 상태)에 빠지기도 한다. 나중에 물어보면 자신이 화를 냈다는 사실을 기억하지 못하는 경우가 적지 않다. 또 특별한 이유도 없이 이상하게 마음이 들떠서 기분이 고양될 때도 있다.

이에 비해 ADHD의 또 다른 유형인 주의력결핍우세형의 경우를 보자. 이들도 똑같이 사소한 일에 언짢아한다. 그러나 기분은 반대로 아주 침울하게 가라앉는다. 실제로는 이 두 가지 혼합형이 많아서, 성질을 내는가 싶더니 침울해져서 훌쩍거리는 경우가 적지 않다.

그리하여 주변에서는 이들을 '기분파에다가 정서가 불안하고 스트레스나 욕구 불만을 잘 견디지 못하며 인격이 미숙한 사람'이라고 간주해 버린다. 배우자나 친구들은 흔히 이들을 '몸만 자란 아이'라고 표현한다.

큰 재해나 전쟁, 강간, 범죄 피해, 테러 사건 등과 같이 마음에 충격적인 상처를 입고 나중에 다양한 스트레스장애를 일으키는 질환을 외상후스트레스장애(PTSD : Post-Traumatic Stress Disorder)라고 한다. 그런데 외상후스트레스장애에 걸리기 쉬운 사람과 그렇지 않은 사람이 있다.

최근에 미국 등에서 이루어진 연구에 따르면, 본래 발달장애가 있는 사람은 건강한 사람에 비해 사소한 스트레스나 트라우마(심적 외상)로 외상후스트레스장애에 걸리기 쉽다는 결과가 나왔다고 한다. 외상후스트레스장애까지는 가지 않는다 하더라도, 발달장애가 있는 사람은 과거의 괴로운 경험이 사소한 일로도 쉽게 상기되는 플래시백(flashback) 현상 때문에 기분이 언짢거나 불쾌해지는 경우가 많다.

주변 사람이 보기에는 아무런 이유도 없는데, 자폐증인 사람이 공황상태에 빠져서 울부짖거나 난폭하게 흥분하는 경우가 있다. 이것 역시 예전에 경험했던 일이 머릿속에 다시 떠오르기 때문이다. 아동정신과 의사인 스기야마 도시로는 이것을 자폐증 특유의 '타임슬립(time slip)

현상'이라고 이름 붙였다.

내 경험에 따르면, 자폐증뿐만 아니라 ADHD 같은 다른 발달장애의 경우에도 많고 적은 차이는 있으나 이런 현상이 나타나고 있다.

한편 발달장애는 기분이나 감정의 변동이 심하고, 말이 많고 과잉행동이 많으며, 차분히 있지 못하고 이리저리 돌아다니는 경향이 있기 때문에 조울증이 아닌지 확실하게 판별할 필요가 있다. 일반적으로 조울증은 다음과 같은 두 가지 특징이 있으며, 이것이 발달장애와 구별되는 핵심이다.

① 조 상태와 울 상태의 병상기(病相期)와 증세가 나은 것처럼 보이는 관해기(寛解期)가 분명하게 나뉜다.
② 사춘기나 청년기 이후에 발병한다.

자폐증이든 아스퍼거증후군이든 ADHD이든 간에, 이들이 보이는 감정의 불안정이나 타임슬립 현상은 뇌의 기능장애(아마도 전두엽과 측두엽에서 대뇌변연계에 이르는 부분의 기능 장애)가 원인일 것이라고 생각된다.

6 낮은 스트레스 내성 _ 걱정과 불안으로 감정이 폭발한다

앞에서 설명한 감정의 불안정과도 밀접한 관계가 있지만, 발달장애가 있는 사람은 일반적으로 스트레스에 대한 내성이나 저항력이 지극히 약하다. 그렇기 때문에 굉장히 걱정이 많고 강한 불안감에 사로잡히기 쉽다는 것이 특징이다.

불안에도 여러 가지가 있겠으나, 이들은 특히 다음과 같은 불안감을 현저하게 나타내는 경향이 있다.

① 인간관계에 필요 이상으로 불안감과 긴장감을 느끼는 대인불안
② 질병을 크게 걱정하는 심기불안
③ 부모나 친구, 배우자 등에게 쉽게 의존하고 자립하지 못하는 분리 불안
④ 무엇이든 완벽하게 하지 않으면 만족하지 못하는 완전벽불안

최근에는 자신의 외모나 체취 등에 필요 이상으로 신경을 쓰는 '추형공포'나 '체취공포'에 시달리는 사람도 늘어나고 있다.

강한 불안감의 배경에는 스트레스 내성이 약하다는 점이 자리를 잡고 있다. 그래서 조그만 일에도 감정이 불안정해지고, 금세 화를 내거나 눈물을 찔끔거리며 기분이 가라앉아 버린다.

이들에게 우울증이나 불안장애(공황장애, 강박장애, 전반성 불안장애, 외상후스트레스장애), 알코올의존증 등이 동반되기 쉬운 것도 감정의 불안정과 깊이 관련되어 있다.

감정의 폭발은 폭력 사건으로 이어지기도 하며, 아동학대나 가정폭력으로 나타나는 경우도 많다. 내가 경험한 바에 따르면, ADHD인 사람으로서 기혼이고 아이가 있는 51개 사례 가운데 25개 사례(49%)에서 아동학대를 볼 수 있었다.

이 경우에 학대를 받은 아이들 대부분이 또한 발달장애를 갖고 있었다. 여기에는 유전적인 문제도 있을 것이다. 이 아이들이 경도 발달장

애인 경우에는 그저 보통 아이로 보이기 때문에 "너는 왜 이런 것도 못하느냐?"는 질책을 받기가 쉽다.

발달장애 아이는 부모 역시 발달장애를 갖고 있는 경우가 적지 않다. 소위 몬스터 페어런트(monster parent : 이치에 맞지 않는 요구를 되풀이하는 보호자) 대부분이 이런 경우라고 생각된다.

발달장애가 있는 사람은 갑자기 성질을 부리며 미친 듯이 화를 낸다 하더라도, 오래가지는 않는다. 바로 평정한 상태로 돌아가서 아무 일도 없었다는 듯이 천연덕스러운 얼굴을 한다. 일종의 해리 상태에 빠져서 화를 냈고 그 자체를 기억하지 못하는 사람이 많기 때문이다. 그래서 상대방에게 벌컥 화를 냈다고 해도 그 감정을 집요하게 물고 늘어지는 일은 없다. 순간온수기라고 불리듯이 쉽게 열을 내고 또 쉽게 식는 것이다.

그런 사람과 행동을 함께해야 하는 주변 사람들로서는 참으로 견디기 어려운 것이 사실이다. 주변 사람들도 놀랍고 당황스러운 일에 충격을 받으며, 심각한 트라우마가 남는 경우도 적지 않다.

발달장애가 있는 사람은 이런 이유로 올바른 인간관계를 맺는 데 실패하는 경우가 많다. 그리하여 직장을 그만두거나 친구를 잃어버리고 심지어 이혼에 이르기도 한다. 충동성이나 낮은 스트레스 내성에 따른 불이익이 이처럼 막대한 것이다.

7 대인기술과 사회성 미숙 _ 분위기 파악을 하지 못하고 남의 말을 안 듣는다

모든 발달장애인에게서 공통으로 나타나는 것이 대인관계가 서투르고 관계를 유지하는 데 재주가 없다는 점이다. 아스퍼거증후군 정도는 아니지만, ADHD인 사람은 기본적으로 사회성(대인기술)이 부족하다. '몸만 자란 아이'인 이들은 다음과 같은 경향을 두드러지게 나타낸다.

① 사람들과의 약속이나 사회의 규칙을 지키지 못한다.
② 자기중심적이고 타인과의 협조성이 부족하다.
③ 남의 마음을 알아차리거나 장소나 상황에 알맞게 대응하지 못한다.
④ 머릿속에 있는 생각을 정확한 말로 표현하지 못한다.
⑤ 감사, 반성, 공감 등의 자기 마음을 잘 표현하지 못한다.
⑥ 남에게 도움을 구하거나 남의 요구를 거절하는 일을 잘 하지 못한다.
⑦ 친구나 연인과 신뢰 관계를 오래 유지하지 못한다.
⑧ 따돌림이나 소외를 당하기 쉽고 혼자 고립되기 쉽다.

이들은 가정, 학교, 사회에서 당연히 통용되는 사항을 잘 지키지 못한다. 모두가 즐겁게 게임을 하고 있을 때도 태연하게 분위기를 망치고 규칙을 무시한다.

또 자기가 하고 싶은 말과 흥미를 느끼는 것을 일방적으로 이야기하고 남이 하는 말은 듣지 않는다. 상대방이 관심을 보이거나 말거나 아랑곳하지 않고 곤충이나 공룡, 자동차, 기차, 게임, 컴퓨터 등등에 대해 한없이 이야기를 늘어놓는다.

타인의 입장을 생각하거나 주변의 상황을 이해하지 못하기 때문에, 다시 말해 분위기를 파악할 줄 모르기 때문에 그런 것이다.

정상적인 사람이라면 남과 대화할 때 상대방이 하는 말을 그저 듣고

만 있지 않는다. 상대방의 표정이나 말투, 목소리의 톤, 상대방과의 간격, 거기에 주변 상황 등을 포함해서 상대방의 기분을 짐작하려고 한다. 그런데 발달장애가 있는 사람은 바로 그것이 잘 안 되는 것이다.

한마디로 말하자면, 타인과 희로애락의 감정을 공유하는 '공감능력'이 결여되어 있는 것이다.

그래서 남에게 상처가 될 수 있는 말을 예사로 한다. 그런 한편으로 남보다 곱절은 더 쉽게 상처를 받고 사소한 일로 금방 침울하게 가라앉기도 한다.

얼핏 보면 일방적으로 자기 이야기만 늘어놓는 모습과 모순되는 것 같지만, 이들은 자기가 생각하고 있는 것을 말이나 문장으로 표현하는 데에 서투르다. 그렇기 때문에 놀림을 받거나 야단을 맞아도 곧바로 대꾸를 하지 못하며, 그래서 더욱더 스트레스를 느끼고 상처를 받는다.

같은 이유로 무엇을 부탁하는 것도 서툴고, 반대로 부탁을 받았을 때도 잘 거절하지 못한다. 다른 사람에게 도움을 받았어도 고맙다는 말을 할 줄 모르기 때문에, 도와줘도 고마워할 줄 모르는 사람이라는 오해를 살 때도 많다. 또 사과하거나 찬성하거나 남이 좋아할 만한 행동거지를 하는 데 서투르다. 경어도 잘 사용할 줄 모르기 때문에 윗사람에게 실례를 범하기도 한다.

형편이 이렇다 보니 이들에게 늘 휘둘리는 주변 사람들로서는 점점 불만이 쌓여 간다. 그리하여 친구나 연인과도 오랫동안 관계가 지속되지 못하고, 쉽게 따돌림을 받거나 소외를 당하게 된다. 바로 대인기술의 미숙함 때문에 이들은 아무리 애를 써도 쉽게 고립의 심연으로 빠져든다.

그렇지만 ADHD인 사람들은 남들과 친하게 지내고 싶어하고 친구를 사귀고 싶다는 소망을 갖고 있다. 그런 욕구가 희박한 아스퍼거증후군과 크게 다른 점이 바로 이것이다.

생각은 그렇게 하더라도 현실적으로는 대인기술이 몹시 미숙하다. 바라는 수준의 대인관계를 실현하기에는 너무나 부족한 것이다. 그래서 이들은 강한 불안감이나 갈등을 느낄 때가 많다. 이들이 사춘기와 청년기 이후에 쉽게 우울증이나 부등교, 비행과 같은 이차 장애 또는 합병증을 보이는 것도, 바로 대인기술의 미숙함이 원인 중 하나일 것이라고 생각된다.

대인관계를 중심으로 사회적 기술을 훈련하는 SST(Social Skills Training:사회기술훈련) 요법이라는 것이 있다. 아이의 경우에는 초등학교 때부터 이 프로그램을 실시함으로써 대인기술의 미숙함을 상당히 개선할 수가 있다. 그러나 안타깝게도 어른이 된 이후에는 그다지 효과를 기대하기가 어렵다.

어른의 ADHD 경우에는 배우자나 가족의 협조를 받아서 심리 교육이나 환경조정요법을 실시하고, 어떤 직업을 선택할 것인지를 처음부터 다시 생각해 보는 쪽으로 나아가는 것이 현실적이고 효과적이다. 이 부분은 나중에 다시 설명할 것이다.

8 낮은 자기 평가 수준과 자존감 _ 부정적 사고와 심해지는 열등감

발달장애가 있는 사람은 본래 자기 자신을 객관적으로 올바르게 인식하는 '자기 인지' 능력이 부족하다. 또 타인을 정확히 인식하는 '타자 인지'에도 서투르다.

게다가 ADHD인 사람은 대부분 부정적인 사고를 한다. 그래서 매사를 안 좋은 쪽으로 비관적으로 생각하며 피해의식을 갖는 경향이 있다. 대개 사춘기나 청년기가 되면 불충분하게나마 자기 자신을 객관적으로 관찰할 수 있게 된다. 이때 그 부정적 사고의 영향을 받아 자기평가 수준이나 자존감이 낮게 나타난다. 게다가 사람들에게 소외당하고 무시라도 받게 되면 피해의식이 더욱더 커지게 된다.

여기서 그 이유를 두 가지 생각해 볼 수 있다. 하나는 이들이 어렸을 때부터 어떤 것을 이루어냈다는 성취감이나 성공 경험 같은 것을 쌓지 못했다는 것이다. 오히려 좌절감이나 실패 경험만을 안은 채 가정이나 학교, 직장 등에서 계속 낮은 평가를 받아왔다.

《힘들게 하는 우리 아이, ADHD 때문이었다*Maybe you know my kid*》의 저자인 메리 파울러(Mary Fowler)는 ADHD인 사람이 자존감을 기르기 어려운 이유로 다음과 같은 점을 지적했다.

① 성공 경험을 쌓을 수 없다.
② 주변의 평가가 낮다.
③ '할 수 있는데 안 하는 게으름뱅이'라는 오해를 쉽게 받는다.
④ 아이를 이해하지 못하는 부모나 선생님이 너무 많은 것을 기대한다.
⑤ 잘하기도 했다가 못하기도 하는 등 증상의 변동이 있다.

또 한 가지 이유는 뇌의 기능장애이다. 구체적으로 말하자면, 자존감을 담당하는 전두엽에서 기저핵과 선상체(線狀體)에 이르는 보수계(報

酬系:도파민을 분비하여 쾌감을 높이는 신경계)라는 부분이 덜 발달하여 자아상이나 자존감이 낮아지기 쉬운 것으로 생각된다.

마찬가지로 《ADHD 아이들*ADHD:The Facts*》이라는 책의 저자인 마크 셀리코위츠(Mark Selikowitz) 역시 이들의 자존감이 낮은 것은 실패

그림 2 발달장애인이 합병증을 일으키게 되는 메커니즘

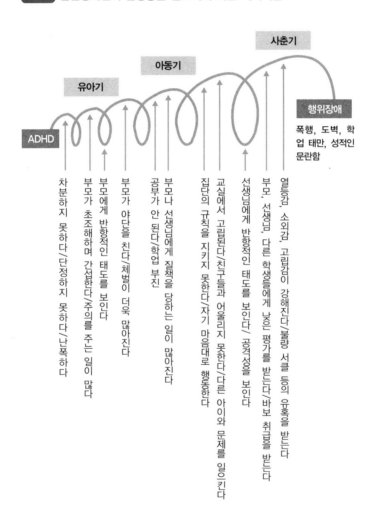

유아기

아동기

사춘기

ADHD

행위장애

폭행, 도벽, 학업 태만, 성적인 문란함

차분하지 못하다/단정하지 못하다/난폭하다

부모가 초조해하며 간섭한다/주의를 주는 일이 많다

부모에게 반항적인 태도를 보인다

부모가 야단을 친다/체벌이 더욱 많아진다

공부가 안 된다/학업 부진

부모나 선생님에게 질책을 당하는 일이 많아진다

집단의 규칙을 지키지 못한다/자기 마음대로 행동한다

교실에서 고립된다/친구들과 어울리지 못한다/다른 아이와 문제를 일으킨다

선생님에게 반항적인 태도를 보인다/ 공격성을 보인다

부모, 선생님, 다른 학생들에게 낮은 평가를 받는다/바보 취급을 받는다

열등감, 소외감, 고립감이 강해진다/불량 서클 등의 유혹을 받는다

를 반복함으로써 주변의 평가가 낮아진다는 점 외에 뇌의 보수계가 덜 발달했기 때문이라는 점을 들고 있다.

발달장애가 있는 사람이 이처럼 자기평가 수준이나 자존감이 낮은 상태에서 사춘기, 청년기를 맞이하게 되면, 막연히 사회에 적응하지 못할 것 같은 느낌을 갖게 된다. 그리하여 열등감, 무력감, 고립감, 소외감 등이 더 심해지고 다양한 합병증을 일으키게 되는 것이다(그림 2).

9 신기한 것을 추구하는 경향과 독창성 _ 금방 싫증 내고 한 가지 일을 오래 하지 못한다

ADHD나 아스퍼거증후군 같은 경도 발달장애인에게는 '신기한 것을 추구하는 경향'과 '독창성'이 공존하고 있다.

이들은 기본적으로 싫증을 잘 내며 지루한 것을 잘 참지 못한다. 조금이라도 지루하다고 느끼면 금방 새로운 것을 찾아서 머릿속의 채널을 돌려 버린다.

옛날부터 정해져 있던 방식이나 순서를 지키는 것을 싫어하고, 항상 색다른 것이나 열중할 만한 것을 찾아다닌다. 호기심이 움직이는 대로 따라가며 외부의 자극을 추구한다.

한마디로 말하면, 호기심이 많고 무엇이든 구경하는 것을 좋아하는 성질이라 하겠다. 미국 워싱턴 대학 교수이자 심리학자, 정신의학자, 유전학자인 클로닝거(Claude Robert Cloninger)는 성격이론에서, 이처럼 신기한 것을 추구하는 경향이 가장 유전되기 쉬운 부분이라고 지적하고 있다.

참고로 호기심에 관여하는 유전자 데이터를 보면, 미국인이 다른 나

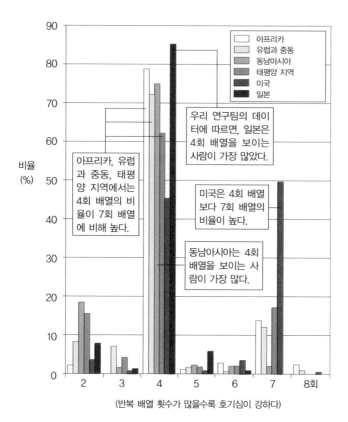

그림3 호기심에 관여하는 유전자

범례:
- 아프리카
- 유럽과 중동
- 동남아시아
- 태평양 지역
- 미국
- 일본

아프리카, 유럽과 중동, 태평양 지역에서는 4회 배열의 비율이 7회 배열에 비해 높다.

우리 연구팀의 데이터에 따르면, 일본은 4회 배열을 보이는 사람이 가장 많았다.

미국은 4회 배열보다 7회 배열의 비율이 높다.

동남아시아는 4회 배열을 보이는 사람이 가장 많다.

비율(%) (세로축)

가로축: 2 3 4 5 6 7 8회

(반복 배열 횟수가 많을수록 호기심이 강하다)

출전 : 퐁밍 창(Fong-Ming Chang)「Human Genetics」1996.
오노 히로시(大野裕)「American Journal of Medical Genetics」1997.

호기심에 관여하는 유전자인 D4DR(도파민 D4 수용체)의 길이는 지역이나 나라에 따라 다른 특징을 보인다. D4DR 유전자의 반복 배열 횟수가 많은 사람일수록 새로운 것에 적극성을 보이는 정도를 측정하는 테스트에서 높은 점수를 보인다.

라 사람에 비해 유난히 호기심이 강하다는 것을 알 수 있다(그림 3). 이 것은 미국인이 호기심이나 개척 정신이 왕성한 서구 이민자의 후손들 이기 때문일지도 모르겠다.

강한 자극을 찾아다니는 경향에 관해서 《혼돈 속으로Driven to Distraction》의 저자인 에드워드 할러웰은, 일부러 스릴을 느끼려고 극히 위험한 행동을 하는 사람들에게 ADHD의 가능성이 있다고 지적했다.

실제로 그런 유형의 사람들은 "아아, 심심해. 뭐 재미있는 일 없나?" 하는 말을 입에 달고 산다. 이들은 자극이 없는 심심한 인생은 가치가 없다거나 파란만장할수록 진짜 인생이라는 생각을 갖고 있다.

큰돈을 벌 수 있는 도박, 불륜, 리스크가 큰 투자, 위험한 자동차 경주, 번지점프, 급경사면을 활강하는 스키 등을 좋아하는 사람들 중에는 강렬한 자극 추구형 ADHD를 가진 사람이 있을 수도 있다.

이들은 또 마음을 조마조마 두근두근하게 만드는 액션영화나 모험영화, 모험소설이나 판타지소설 등을 매우 좋아해서 시간 가는 줄도 모르고 열중한다. 이들에게는 스릴이나 위험한 것이야말로 뇌를 흥분시키는 최고의 자극제인 것이다.

ADHD인 사람이 보이는 또 하나의 특징이 있다. 손톱 물어뜯기나 틱장애, 발모벽 같은 습벽(습관이 되어 버린 안 좋은 버릇)을 함께 가지고 있을 확률이 매우 높다는 것이다.

이들은 어떤 것에 관심이 없거나 흥미를 느끼지 못하면, 각성 수준이 낮아져서 쉽게 멍한 상태가 된다. 그래서 스스로 뇌를 자극하려고 이러한 스릴이나 습벽에 빠져드는 것이다. 야구선수들이 시합 중에 껌을 씹음으로써 집중력을 높이는 것도 같은 메커니즘이다.

또 담배나 커피 같은 기호품에 의존하거나 코카인이나 각성제 계열의 약물에 빠지기 쉽다는 것도 ADHD의 큰 특징이다. 이 역시 각성 수준이 떨어진 뇌를 스스로 자극하여 주의집중력을 높이려는 것으로 생각되는데, 이를 정신약리학적으로 '자기투약(Self-medication)'이라고 부른다.

그런데 ADHD인 사람이 알코올, 대마초, 시너와 같이 각성 수준을 떨어뜨리는 약물을 자기투약하는 경우도 적지 않다. 각성 수준을 떨어뜨림으로써 마음속의 강한 불안을 해소시켜 안정감을 얻을 수 있기 때문이다.

일반적으로 각성제처럼 자극이 있는 계열의 약물에 의존하기 쉬운 쪽을 과잉행동충동성우세형, 대마초처럼 불안을 완화시켜 주는 계열의 약물에 의존하기 쉬운 쪽을 주의력결핍우세형으로 보고 있다.

한편 이들은 자신이 흥미나 관심을 느끼는 것에는 특출한 집중력을 보이며 고집스럽게 긴 시간 동안 빠져 있기도 한다. 얼핏 보기에는 주의력 결핍 경향과 모순되는 것 같지만, 이것은 '과집중'이라고 하는 현상이다. 이처럼 자기 자신의 관심이나 흥미 유무에 따라서 주의집중력에 큰 차이를 보이는 것이 ADHD의 전형적인 증상이자 커다란 특징이다.

발달장애인은 때때로 굉장히 독창적이다. 무계획적이고 주의가 산만한 와중에, 섬광처럼 번쩍이는 재능을 보여줄 때가 있다. 보통 사람의 머리에서는 도저히 튀어나올 것 같지 않은 생각, 게다가 그것을 실행에 옮기는 행동력까지 함께 갖추고 있는 경우가 있다.

역사적인 위인들 중에는, 이처럼 특출한 집중력과 고집스러운 면을 갖고 있었던 사람이 많다. 구체적으로 제6장에서 소개하겠지만, 이들은 주변의 평가에 개의치 않는다. 자기 자신의 관심과 흥미가 이끄는 대로 열광적으로 한 가지만을 고집스럽게 파고든다. 그리하여 예술, 과학, 문학, 역사, 모험, 연예, 언론 등등의 분야에서 위대한 업적을 남긴다.

발달장애인은 이처럼 흥미를 느끼지 못하는 것에는 '주의력 결핍' 경향을, 흥미를 느끼는 것에는 '과집중' 경향을 동시에 나타낸다. 이런 점은 사실 보통 사람들한테서도 볼 수 있지만, 발달장애인의 경우에는 그 차이가 매우 극단적이다.

신기한 것을 추구하는 경향이나 독창성은 장점이 될 수도 있고 단점이 될 수도 있다. 과집중 경향을 잘 살려서 긍정적인 방향으로 활용하면, 자신의 재능이나 능력에 맞는 직업을 가질 수도 있고, 마음껏 독창적인 직무나 일을 맡을 수도 있다. 그리하여 결과적으로 훌륭한 업적을 남길 수도 있을 것이다.

반대로 부정적인 방향으로 작용하는 쪽의 직업을 선택하게 된다면, 자신의 흥미나 관심에 맞는 일을 만나기가 어려울 것이다. 그리하여 한 곳에 오래 다니지 못하고 자주 직장을 옮기거나 니트족이 될 수도 있다.

그러므로 ADHD를 지원하고 도와주려면 당사자의 능력과 재능, 흥미와 관심 분야를 잘 파악하는 것이 가장 중요하다. 그리하여 본인만이 가지고 있는 '특별한 무엇'을 잘 살릴 수 있도록 적절한 직업진로지도를 해야 한다.

그 밖에 수반되는 증상들

10 정리정돈을 못하고 건망증이 심하다 _ 회사일은 하는데 집안일은 엉망
정리정돈을 못하고 건망증이 심하다는 것은 성인ADHD의 경우에 반
드시 나타난다고 할 정도로 출현 빈도가 높은 증상이다.

이것은 성인ADHD의 특징인 '주의력 결핍' 증상과 밀접한 관계가
있는데, 특히 최근에 주목을 받고 있는 '기억장애', 그중에서도 '작업기
억(Working Memory)'이나 '절차기억(Procedural Memory)'과 관련이
있다.

우선 작업기억이란, 한마디로 한 가지 정보를 지닌 채로 또 다른 활
동을 하는 데 필요한 기능이다.

예를 들면, 부엌에서 카레를 만들고 있을 때 전화가 왔다고 해보자.
보통의 경우라면 상대방과 통화를 하면서도 냄비 옆을 떠나지 않고 때
때로 카레가 눋지 않도록 저어 줄 것이다. 전화를 하고 있어도 "카레 냄
비가 불 위에 있다. 잊어버리지 말아야지." 하는 의식을 확실히 하고 있
기 때문이다.

만약 베란다에 빨래를 걸러 나가는 경우라면, 베란다에 갈 때까지
자신이 무엇을 하러 가고 있는지 확실히 기억을 하고 있다. 그렇지 않
으면 베란다까지 나가서 "내가 여기 왜 왔지?" 하며 궁금해 할 것이기
때문이다.

이처럼 지금 하고 있는 일과 별개로 다른 일을 해야 할 때, 거기에 필
요한 정보를 필요한 기간 동안 저장하고 "이 일도 있다는 것을 잊으면
안 된다." 하며 머릿속에 주의를 환기하는 것이 작업기억이다. 비유하

자면, 머릿속에 잠시 붙여 놓는 작업용 메모장과 같은 것이라 하겠다.

작업기억은 뇌의 전전두엽이 담당하고 있는 것으로 알려져 있다. 여기에 문제가 발생하면 동시에 여러 종류의 일을 해야 할 때 곤란을 겪는다. 또한 지금 당면한 과제들이 있는데 이것을 어떤 순서로 실행에 옮기면 좋은지를 생각할 때도 어려움을 겪는다. 여러 개 조건 가운데 가장 적합한 답을 찾아내야 할 때도 마찬가지이다.

예를 들어 업무 중에 동료를 찾는 전화가 왔다고 하자. 보통의 경우라면 동료가 어디에 있는지 찾아보고, 필요에 따라 전화가 왔다고 알려줄 것이다. 또 동료가 자리에 없어서 전화를 받을 수 없다면, 대신 이야기를 듣고 메모를 남겨주거나 할 것이다. 그러나 ADHD인 사람은 이런 간단한 업무를 잘 처리할 줄 모른다. 그래서 전화가 왔다고 알려주지도 않고 메모를 전해주지도 않아 종종 문제를 일으키는 경우가 있다.

이미 앞에서 읽었거나 이야기했다는 것을 전제로 하고 있는 문장이나 대화 내용을 이해하는 일, 강연회의 노트 정리 같은 것도 이들에게는 어려운 작업에 속한다. 보통 사람이라면 머릿속으로 암산해서 기억해 둘 만한 내용도 금방 잊어버리기 때문에 물건을 사거나 할 때 소소한 계산을 하는 일도 서투르다.

다음에는 절차기억의 경우를 알아보자. 절차기억이란, 어떤 일을 자동적으로 순서에 따라 실행할 때 작동하는 '지각적(만지는 것, 보는 것)', '운동적(물건을 움직이는 것)', '인지적(물건을 지각하고 인식하는 것)' 기억을 말한다.

구체적으로 말하자면 자전거를 타거나 자동차를 운전하는 것, 타자, 악기 연주, 수영, 독경 등과 같이 반복적으로 실행함으로써 얻어지게 되는 유형의 기억이라 하겠다. 다시 말하자면 절차기억은 한마디로 몸으로 익히는 기억으로, 의식하지 않아도 쓸 수 있는 것이 특징이다.

절차기억은 대뇌 안쪽에 있는 기저핵 등이 중요한 역할을 담당하는 것으로 알려져 있다. 이 부분이 손상을 입으면, 여러 차례 반복해도 업무 절차를 기억하지 못하거나 작업 숙련도가 개선되지 않는 사태에 봉착하게 된다.

밥하기, 빨래하기, 청소 같은 집안일도 매일 반복해서 하다 보면 점점 일의 순서나 요령 등이 생기게 마련이다. 그러나 절차기억에 문제가 생기면 곧 곤란한 상황에 직면하게 된다.

어른 발달장애인은 "본 업무는 잘 처리하면서 잡무는 못한다." 또는 "회사일은 잘하면서 집안일은 못한다."는 말을 흔히 듣는다. 그것은 주의력 결핍 경향과 기억장애 때문에 일련의 작업을 순차적으로 착착 해나갈 줄을 모르기 때문이다. 그 일련의 작업이란 다음과 같다.

① 잡다한 일들에 우선순위를 매긴다.
② 앞뒤를 예상해서 일의 차례를 생각한다.
③ 하고 있던 일을 마지막까지 마무리해서 완결시킨다.

정리정돈을 못하고 건망증이 심하다는 것은 바로 이런 문제의 결과인 것이다.

이들은 흥미나 관심이 없는 것은 특히 잘 잊어버리며, 기억의 세 단계인 기명(기억으로 받아들이는 것＝부호화), 보존(잊지 않고 기억하는 것＝저장), 상기(생각해내는 것＝검색) 과정을 잘 수행하지 못한다. 그러나 집중력과 마찬가지로 자신이 흥미나 관심을 갖고 있는 것이면 놀라울 정도로 기억력을 발휘한다.

ADHD나 아스퍼거증후군인 사람 중에는 강한 불안감 때문에 강박적으로 정리정돈에 매달리는 사람도 있다. 발달장애가 있었다 하더라도, 어렸을 때부터 부모가 확실하게 교육을 시키면 정리정돈을 하는 습관 정도는 들일 수가 있다.

11 계획성이 없고 관리 능력이 부족하다 _ 지나치게 낮은 생활기술

발달장애가 있는 사람은 자기 물건을 관리하는 것에서 시작해 일상생활 전반에 걸쳐 모든 것을 관리하는 것이 서투르다. 돈, 시간, 서류, 식사, 청소, 수면 등 예외가 없다.

관리란 쉽게 말해서 '무엇인가를 할 때 그 방법이나 차례, 시간 배분 등을 생각해서 계획적으로 실행하는 것'을 가리킨다. 그런데 발달장애인의 경우에는 뇌의 기능장애에 따른 주의력 결핍 경향과 충동성, 기억장애 등이 문제가 되어 이것이 제대로 안 된다. 그래서 결과적으로 생활을 영위하는 데 필요한 다양한 생활기술이 떨어지는 경향을 보이는 것이다.

정리하는 것을 가장 못하므로, 시간을 어떻게 사용할 것인지 계획을 세울 줄도 모른다. 자고 일어나는 시간도 제각각이고, 지각을 밥 먹듯 한다. 또 즉흥적으로 약속을 하고, 어떤 일을 경솔하게 떠맡을 때가 많다. 그리고 결국 그 약속을 지키지 못하는 것이다.

이들은 처음부터 앞일을 미리 예상하거나 전망을 그려내는 데 약하다. 그렇기 때문에 목표를 정해 놓고 꾸준히 공부를 한다거나 돈을 모아 저축을 한다거나 하는 일들을 하기 어렵다. 돈을 쓰는 방식에도 계획성이 없고, 종종 충동구매를 하거나 여기저기서 돈을 빌릴 때도 많다. 다중채무자가 많다는 것도 특징이다.

하지만 기본적으로 이들은 사람이 좋다. 그래서 쉽게 속기도 잘하고 남에게 이용을 당하거나 사기를 당하는 경우도 적지 않다. 또한 서류를 관리하는 능력도 부족해서, 보고서 같은 것도 기한 안에 제출하지 못한다. 영양가 있는 음식을 골고루 섭취해야 한다는 생각도 못하기 때문에 아무렇게나 편식을 하고, 폭음과 폭식으로 몸을 망치기도 한다.

그 밖에 부지런히 밥하고 빨래하고 청소하면서 주변을 청결하게 유지하는 것, 육아, 집안 대소사, 부모 간병, 쇼핑, 이웃과 잘 사귀기 등등, 이들이 하기에 벅찬 일들을 헤아리자면 끝이 없다.

이 정도로 생활기술에 문제가 있으면, 아무리 좋게 봐준다고 해도 주변의 시선이 고울 수가 없다. 게다가 이들은 사회나 조직의 규칙보다 자기 생각을 우선시해 버리기 때문에 '자기 멋대로 구는 사람'으로 찍혀 소외당하기 쉽다. 그러다 결국 고립감을 느끼고 '난 무엇을 해도 안 되는 인간'이라며 자기비하와 비관에 빠지는 것이다.

이들에게 우울증이 함께 발생하기 쉬운 것도 이 때문이다.

그래도 아직 부모와 함께 살고 있고 챙겨주는 사람이 있는 동안은 괜찮다. 생활기술이 모자라는 부분을 부모가 채워주기 때문이다. 그러나 대학이나 직장에 들어가면서 집을 떠나 혼자 살기 시작하면 상황이 달라진다. 생활기술이 떨어지는 이들로서는 무엇이든지 혼자서 해결해야 한다는 것이 엄청난 난제인 것이다. 그리하여 대부분의 경우에 곧바로 생활이 엄청난 혼란에 빠지게 된다.

대학 입학을 계기로 혼자서 생활하게 된 N이라는 남학생의 사례를 살펴보자. N은 정리정돈하고 치우는 데 소질이 없었고, 방 안은 순식간에 엉망이 되었다. 그렇게 한 달쯤 지나자 쓰레기더미에 파묻혀 생활하는 지경에 이르게 되었다. 자식이 사는 방에 처음 찾아온 N의 어머니는 "원래 좀 깔끔하지 못한 면은 있었지만, 설마 이 정도일 줄은 몰랐다."고 나중에 내게 털어놓았다.

N은 상습적으로 지각을 하고 리포트 제출 기한을 지키지 못하는 전형적인 ADHD였다. 그러나 아이 때부터 학교 성적이 좋았고 생활기술이 뒤떨어지는 면은 부모가 채워주었기 때문에, 본인도 그렇고 주변 사람들도 전혀 눈치를 채지 못했던 것이다.

이런 사례는 굉장히 많다. 부모를 떠나 혼자 살기 시작한 것이, 주변 사람들이나 본인이 사태의 심각성을 깨닫고 전문가를 방문하는 하나의 계기가 되고 있다.

12 쉽게 사고를 내는 경향이 있다 _ 스릴을 즐기고 싶어한다

발달장애가 있는 사람이 교통사고나 산업재해, 물놀이 같은 수상사고 등을 일으키기 쉽다는 것은 임상적으로 잘 알려져 있는 사실이다. 이들이 사고를 일으키기 쉬운 이유는 다음과 같다.

① 주의력 결핍 경향
② 충동성
③ 수면장애

이들은 집중력이 부족하기 때문에 교통신호나 표지판을 못 보고 지나치기도 하고, 사소한 것에 욱해서는 억지로 추월을 하거나 지나치게 속도를 내기도 한다. 또 수면 부족 때문에 졸음운전을 하기도 쉽다(수면장애에 대해서는 다음에 이어서 설명하겠다).

특히 과잉행동충동성우세형 ADHD의 경우, 10대 후반부터 20대 초반의 남성이 큰 교통사고를 잘 일으킨다고 알려져 있다. 이들은 앞을 잘 바라보지도 않고, 일부러 위험한 행위를 일삼으며 스릴을 즐기고 싶어한다.

최근에 일본에서는 음주운전으로 사망 사고를 내고 도망가는 악질적인 뺑소니 교통사고가 늘어나고 있다. 그래서 엄중한 처벌이 뒤따라야 한다는 목소리가 높다. 그런데 사고의 배경에 발달장애가 있다고 해보자. 아무리 처벌을 강화하더라도 사고 억제 효과는 당연히 한계가 있을 것이다.

그러면 어떻게 해야 할까? 예를 들어 미국 매사추세츠 주 등에서는 운전면허증을 갱신할 때 여러 번 사고를 일으킨 사람, 즉 사고 경향이 큰 사람에게는 의무적으로 ADHD 진단 리스트를 작성하도록 하고 있다. 그리하여 전문가에게 ADHD라고 진단을 받으면 약물 치료를 받게 되어 있다.

이런 프로그램을 통해 매사추세츠 주 등에서는 ADHD 운전자들의 주의력 결핍 경향과 충동성이 크게 개선되었으며, 교통사고가 큰 폭으로 감소했다는 결과 보고가 있다.

사고를 일으키기 쉬운 사람은 약물요법을 생각해볼 필요가 있다. 국가에서도 교통사고 억제 대책으로 이런 프로그램을 도입할 것을 검토

해야 할 것이다.

약물요법에 관한 부분은 제5장에서 자세히 설명할 것이다.

13 수면장애와 낮 시간의 졸음 _ 자는 중에도 깨어 있는 수면 부족

발달장애가 있는 사람은 수면각성주기가 불규칙하고 쉽게 흐트러지는 것으로 나타났다. 일반적으로 쉽게 잠이 들기도 어렵고 일어나기도 힘들다. 밤에 자는 동안에 무의식적으로 몸을 움직이기 때문에 잠버릇이 나쁜 경우도 많다.

그래서 발달장애인들은 가족이나 배우자에게 "이 사람(또는 우리 아이)은 깨어 있을 때뿐만 아니라 밤에 잘 때도 가만히 있지를 못해요." 하는 소리를 흔히 듣는다.

발달장애 아이를 둔 어머니가 "임신 중에도 태동이 심해서 배를 잘 차곤 했어요." 하는 이야기를 하는 경우도 많다. 이들은 아이 때부터 야경증(갑자기 자다가 깨어나 소리를 지르며 우는 증상), 몽유 현상(무의식적으로 일어나서 돌아다니는 증상), 잠꼬대, 이갈이, 야뇨증과 같은 증상을 자주 보인다는 특징이 있다.

그렇기 때문에 발달장애가 있는 사람은 충분히 숙면을 취하지 못하며, 일반적으로 수면 효율이 나쁘다. 본인은 7~8시간쯤 잤다고 생각하더라도, 실제로는 얕은 잠을 자기 때문에 4~5시간밖에 수면을 취하지 못하고 있는 셈이다.

그러므로 당연히 낮 시간에 졸음이 쏟아지는 경우가 많을 수밖에 없다. 졸음이 쏟아져서 참을 수가 없는 '주간졸림증'을 보이는데, 이런 유형의 ADHD를 미국에서는 '데이드리머(Day Dreamer)'라고 부른다.

이들이 차분히 있지 못하거나 쉽게 성질을 내거나 학교 공부나 회사 일에 집중을 못하는 증상 등은 때에 따라서 기복이 심하게 나타난다. 이것은 바로 그 전날의 수면 깊이와 밀접한 관계가 있다. 평소보다 유난히 깊은 잠을 못 이루었을 때 증상(주의력 결핍, 과잉행동, 충동성)이 악화된다.

이런 상태에서 자동차를 운전하거나 위험한 기계를 조작하면 큰 사고로 이어질 수도 있다. 발달장애인에게 교통사고나 산업재해가 많은 것은 이처럼 신체적 증상에 수면장애가 겹쳐지며 큰 영향을 미치기 때문이다.

발달장애인의 수면장애는 아직 그 원인이 명확히 밝혀져 있지 않다. 그러나 지금까지의 적지 않은 연구 결과에 따르면, 렘수면(몸은 잠들어 있는데 뇌는 깨어 있는 상태)에 이상이 있다는 사실이 뇌파와 자율신경계 검사를 통해 확인되었다. 이로써 시상하부의 수면중추나 뇌간망양체(腦幹網樣體) 등에 어떤 기능 이상이 있는 것이 아닌가 짐작하고 있다.

옛날부터 "잘 자는 아이가 건강하게 잘 큰다."는 말이 있다. 이처럼 몸과 마음이 건강하게 발달하는 데에는 성장호르몬이나 멜라토닌, 세로토닌 등이 필요한데, 이런 중요한 물질은 밤에 잘 때 논렘 수면기(숙면기)에 분비된다. 그런데 뇌의 기능에 이상이 있어서 수면장애가 일어나면 이런 물질이 충분히 분비되지 않아서 몸과 마음의 균형이 깨진다.

이것도 발달장애인에게 우울증이 함께 나타나기 쉬운 이유 중 하나이다.

또 이들은 계획성이 없고 자신의 충동성을 잘 조절하지 못하기 때문에, 일단 게임이나 인터넷 등에 빠지면 자는 것도 잊어버리고 밤늦도록 몰두하는 경향이 강하다. 이것이 수면각성주기를 깨뜨리는 원인이 되기도 한다.

14 이상한 습벽 _ 남성에게 많은 틱장애와 여성에게 많은 발모벽

발달장애 가운데 특히 ADHD나 아스퍼거증후군인 사람은 손톱 물어뜯기나 다리 떨기, 틱장애, 발모벽 등 다양한 습벽을 갖고 있는 경우가 많은 것으로 알려져 있다. 특히 틱장애나 발모벽은 치료가 필요할 정도로 심각해지는 경우도 있다. 여기서는 이 두 가지 버릇을 설명하고자 한다.

우선 틱장애란 얼굴이나 머리, 눈썹 등을 움찔움찔하며 순간적으로 움직이는 동작을 본인의 의사와 관계없이 반복하게 되는 것을 가리킨다. 가장 흔한 것이 눈을 깜빡이는 것이다. 그 외에도 어깨를 들썩들썩하거나 머리 흔들기, 얼굴 찡그리기, 입을 한쪽으로 찌그러뜨리기 등 다양한 유형이 있다.

증상이 심해지면 팔을 움직이기도 하고, '음성 틱'이라고 해서 목소리를 반복해서 내는 경우도 있다. 빈번하게 한숨 쉬는 듯한 소리를 내거나 헛기침을 하기도 하고, 상스런 욕 같은 것을 쉬지 않고 입 밖에 내는 경우도 있다.

틱 증상은 남성에게 많으며, 중증일수록 다발성을 나타내 얼굴과 목에서 아래로 진행돼 가기도 한다.

비교적 가벼운 일시적 틱 현상은 어머니의 과도한 간섭이나 엄격한 양육 방식 등이 원인이 되어 나타나는 심인성 틱이 많다. 그러나 중증의 만성 틱은, 가정의 양육 환경 문제만이 아니라 뇌의 어떤 기질적, 기능적 장애와도 관련이 있을 것이라고 생각된다. 지금까지의 연구 결과로는 미상핵(尾狀核) 등의 기저핵 이상이 원인이라고 지적되고 있다.

그러므로 거칠게 말하자면 가벼운 틱장애는 심리적 요인 때문에, 중증 틱장애는 생물학적 요인(뇌의 기능장애)에 의해 나타난다고 말할 수 있겠다.

다음으로는 발모벽을 알아보자. 발모벽은 자신의 머리카락, 눈썹과 속눈썹, 종아리 털 등을 무의식적으로 잡아 뽑는 버릇을 말한다. 심한 경우에는 두피가 다 보일 정도로 뽑아대는 경우도 있다.

이런 습벽은 여성에게 많다. 대개 초등학생 또는 중학생일 때 발병하는데, 어른이 된 후에도 계속되는 경우가 있다. 그중에는 자신의 몸에 난 털뿐만 아니라 기르고 있는 개나 고양이의 털을 뽑거나 인형의 머리카락을 뽑는 사례도 있다.

또 자신의 머리카락이나 인형의 털을 뽑아 먹는 '식모증'을 보이는 사람도 있다. 이런 경우에는 먹은 털이 장으로 이동하여 장폐색을 일으키기도 한다. 또 위에서 위액으로 결석화되어 모발위석(毛髮胃石)이 만들어져 위궤양에 이르는 경우도 있다. 실제로 발모벽이 있는 ADHD 여성이 배가 아프다고 호소하기에, 혹시나 해서 위를 검사해 보았더니 아니나 다를까 모발위석이 발견된 적이 있었다.

발모벽의 원인으로는, 부모의 지나친 간섭이나 엄격한 양육 방식 외에도 어렸을 때부터 어리광을 충분히 받아주지 않았기 때문이라는 점이 지적되고 있다. 그러나 발달장애도 커다란 요인으로 볼 수 있을 것이다.

내 임상 경험으로는 발모벽 환자 18명 가운데 6명(33.3%)이 ADHD를 함께 갖고 있었다. ADHD가 왜 발모벽을 일으키기 쉬운지는 분명히 밝혀진 것이 없다. 다만 이들이 스트레스에 대한 저항력이 약하기 때문에, 잘못된 양육 환경의 영향을 정면으로 받을 수밖에 없었기 때문일 것이라고 짐작된다.

또 발모벽은 손톱 물어뜯기와 마찬가지로 ADHD의 주의력결핍우세형에게 많다. 그러므로 어쩌면 발모벽은 반각성 또는 반수면 상태에 있는 자신의 뇌를 흔들어 깨우고 자기 자신을 자극하려는 자기투약의 일종일 수도 있다.

15 의존증이나 기벽행동에 빠지기 쉽다 _ 자기투약을 하려는 뇌

술, 담배, 커피, 약물(대마초, 시너, 각성제, 코카인 등), 도박, 쇼핑, 과식, 연애, 섹스 등 발달장애가 있는 사람 중에는 다양한 의존증이나 기벽행동으로 치닫는 경우가 적지 않다. 일반적으로 다음과 같이 크게 세 범주로 나누어 볼 수 있다.

① 알코올 의존, 약물 의존, 담배 의존, 카페인 의존과 같은 '물질 의존'
② 과식증, 도박 의존, 쇼핑 의존, 섹스 의존, 발모벽, 자해 행위 의존과 같은 '행위 의존'
③ 연애 의존, 부부간 폭력 등과 같은 '인간관계 의존'

필자의 임상 경험에 따르면, 부부 중 어느 한쪽에 발달장애가 있는 경우에 별거 또는 이혼, 경제적 궁핍 상태인 경우가 매우 많았다. 그 이유는 발달장애가 있는 남편이나 아내가 앞에서 말한 의존증이나 기벽행동에 쉽게 빠지기 때문이다. 그것이 원인이 되어 부부 사이가 나빠지거나 거액의 채무를 지거나 하는 일이 많아지기 때문이다. 그중에는 도박과 여자에 빠져 돈을 쏟아 붓다가 결국에는 회사 공금에 손을 대는 바람에 횡령죄로 붙잡혀 들어간 사례도 있었다.

원래 기호품이란 지나치면 문제가 된다. 흔히 알코올의존증인 사람은 "내 돈으로 내가 좋아하는 술을 마시는데 뭐가 잘못이냐?"고 한다. 하지만 알코올의존증은 본인 한 사람의 몸이 망가지는 것으로 그치는 문제가 아니다.

아버지가 알코올의존증인 경우에는 상당히 높은 확률로 가정폭력이나 아동학대 등이 발생한다. 그렇게 비뚤어진 양육 환경에 놓인 아이들 중에는 비행에 가담하거나 부등교 상태인 경우가 많다.

나아가 알코올의존증이 있는 사람은 술 때문에 회사에서 문제를 일으키기도 하고 음주운전으로 뺑소니 사망 사고 같은 것을 저지르는 등, 회사에 막대한 손해를 입히는 경우가 적지 않다.

다시 말해 알코올의존증인 사람은 자신의 정신과 육체를 망가뜨리는 것에 그치지 않고, 부부관계를 깨뜨리고 아이들을 포함해서 가정 전체를 파괴한다. 회사에서도 자신의 지위와 인간관계를 망가뜨리고, 결국은 사고를 저지르고 붙잡혀 들어가 사회적인 제재를 받기에 이르기도 한다.

이것을 '알코올의존증의 다면성'이라고 한다. 알코올의존증의 영향이 커다란 파문을 일으키며 주변 사람들을 끌고 들어간다는 사실을 잊으면 안 될 것이다.

알코올의존증 전문 병동을 갖추고 있는 국립병원기구 구리하마 알코올의존증 센터 등의 결과 보고에 따르면, 본래 발달장애가 있던 사람이 알코올이나 약물 의존증에 빠졌을 때 치료가 어렵고 만성화되기 쉽다고 한다. 이런 경우는 다양하게 상담 프로그램을 실시하더라도 좀처럼 본인이 마음을 다잡기가 쉽지 않고, 또다시 음주나 약물에 손을 대기 쉽기 때문이다.

또한 알코올이 발달장애인의 수면 효율을 떨어뜨리고 우울증을 동반하기 쉽다는 점을 강조하고 싶다. 알코올의존증은 우울증과 밀접한 관련이 있는 것으로 생각된다. 알코올에 빠지면 우울증이 되기 쉽고, 우울증이 있으면 알코올에 빠지기 쉽기 때문이다. 이것은 뇌 전두엽의 세로토닌 계열 결핍과 깊은 관계가 있는 것으로 알려져 있다.(최근까지 일본의 아키타 현은 우울증의 비율과 자살률이 전국에서 1위를 유지하고 있었다. 그 원인 중 하나가 알코올 섭취량이 상당히 많다는 점과 관계가 있을 것이라고 생각된다.)

지금까지 설명한 바와 같이, 일반적으로 발달장애가 있는 사람이 다양한 의존증이나 기벽행동에 빠지기 쉬운 이유를 정리하면 다음과 같다.

① 감정이 불안정하고 불안감이 강하다(→불안감을 완화시켜 주는 것에 의존한다).
② 스트레스 내성이 약하다(→스트레스 해소 수단이 될 만한 것에 의존한다).
③ 신기한 것을 추구하는 경향이 있다(→항상 새로운 자극을 주는 것에 의존한다).
④ 충동성이 강하다(→한번 의존하게 되면 "하고 싶다!"는 충동을 누를 수 없다).

사실은 의존증이나 기벽행동을 일으키기 쉬운 이유가 또 한 가지 있다. 의존증과 기벽행동이 곧 '자기투약'이라는 점이다.

예를 들어 담배에 의존하고 있는 경우를 보자. 어떤 조사 결과에 따르면, 발달장애가 있는 사람은 건강한 보통 사람에 비해 담배에 의존할 위험이 세 배나 높은 것으로 나타났다고 한다.

왜 이들은 담배가 피우고 싶어지는 것일까?

키스 코너즈(C. Keith Conners, 미 듀크 대학 의료심리학 교수) 등의 연구에 따르면, ADHD인 사람에게 담배 대신 니코틴을 투여하자 뇌내 신경호르몬인 도파민을 자극하는 작용이 일어나 각성 수준이 높아지고 주의집중력이 향상되었다고 한다. 니코틴 패치를 피부에 붙였을 때도 같은 효과가 있었으며, 이들은 내면에서 활기와 에너지가 솟아나는 것을 느꼈다는 말을 했다고 한다.

또 니코틴을 투여하고 컴퓨터를 이용한 인지기능 검사를 실시했을 때, 니코틴 투여 후에 인지 기능이 큰 폭으로 개선되었으며 활기와 에너지가 고양되었다고 한다. 그러나 이러한 효과는 건강한 보통 사람에게서는 발견되지 않았다.

정신분석학자이자 약물 의존 전문가인 칸치안(Edward J. Khantzian, 하버드 의대 교수) 박사는 ADHD의 약물 의존 원인에 관하여 '자기투약' 가설을 내놓았다.

다시 말해서 ADHD인 사람은 각성 수준이 떨어진 뇌를 자극하여 정신을 차리려고, 그리고 마음속의 괴로운 느낌이나 불안감을 떨쳐 버리고 안정감을 얻으려고 각성제 같은 약물에 쉽게 의존하게 된다는 것이다.

발달장애가 있는 사람이 담배에 의존하는 것도 같은 메커니즘으로, 자기투약의 일종인 셈이다.

또 커피에 의존하는 것도 마찬가지라고 할 수 있다. 잘 알려져 있는 바와 같이 커피에 포함되어 있는 카페인은 각성 작용을 하며, 졸음을 쫓으려고 마시는 사람도 많다. 발달장애인 중에는 커피를 하루에 10잔 이상 마시는 경우도 있다.

카페인과 ADHD의 관계에 대해서는 리디오 등의 연구 결과가 있다. ADHD인 사람에게 카페인을 투여했더니, 니코틴과 마찬가지로 컴퓨터의 인지기능 검사 점수가 높아졌고 주의집중력도 높아졌다는 것이다. 이것으로 미루어볼 때, 커피를 다량 마시는 사람은 카페인의 각성 작용을 이용해 자기투약을 하고 있다고 생각할 수 있다.

커피를 매일 다량 마시면 카페인 중독이 된다. 그리하여 커피를 마시지 않으면 두통이나 초조감, 메스꺼움과 같은 다양한 금단 현상이 나타나기도 한다. 또 심하면 정신병과 아주 흡사한 환각망상 상태에 빠지기도 하니, 지나치게 마시지 말아야 한다.

16 광적으로 몰두하는 경향 _ 흥미 있는 것에 광적으로 빠져든다

이들은 자동차, 기차, 곤충, 공룡, 지도, 역사 등 자신이 관심과 흥미를 느끼는 것에 강한 고집이나 집착을 보이며 극단적으로 몰두하기도 한다. 그리고 어떤 한 가지에 광적으로 빠져든다. 이것이 바로 발달장애인에게서 흔히 볼 수 있는 과집중과 집착 성향의 전형적인 모습이다.

이런 경향은 특히 아스퍼거증후군인 사람한테서 두드러지게 나타난다. 만약 초등학생일 때부터 '곤충 박사', '공룡 박사', '지리 박사' 등으로 불렸다면, 그중 상당수가 아스퍼거증후군일 가능성이 있다.

이 증상은 압도적으로 남성에게 많아서 그 비율이 90퍼센트에 이른다. 그 이유는 남성이 여성에 비해 공상이나 판타지 세계에서 노는 경향이 강하기 때문인 것으로 이해되고 있다.

여성은 현실적인 면이 강하기 때문에 곧바로 '이런 것이 어디가 재미있나? 어디에 쓸데가 있나?' 하는 생각을 한다. 그러나 남성은 얼핏 보기에는 아무 짝에도 쓸모가 없을 것 같은 것에도 희희낙락하면서 열중한다. 남성들 중에 'OO박사'가 많은 것도 이 때문이다.

이들은 자신의 모든 에너지, 정력, 집중력, 시간, 돈 등을 그런 대상에 쏟아 붓고는, 다른 것에는 눈길 한 번 안 주면서 질리지도 않고 언제까지나 한없이 매달릴 수가 있다.

그러므로 만약 이들의 흥밋거리나 관심사가 직업과 일치하기만 한다면, 그 분야에서 어렵지 않게 놀라운 업적을 남길 수도 있을 것이다. 말 그대로 '염력통암(念力通巖)'이자 '정신일도하사불성(精神一到何事不成)'의 전형이다.

이들의 직업진로지도가 중요한 이유가 바로 여기에 있다. 이들은 기본적으로 기술직이나 학자, 연구자 등과 같이 전문적인 지식을 살리는 쪽의 직업이 잘 맞는다.

반대로 잘 맞지 않는 직업으로는 다음과 같은 것을 들 수 있다.

① 서류 관리나 돈 관리를 해야 하는 직업
② 대인기술이 필요한 직업
③ 실수했을 때 커다란 위험이 따르는 직업

덧붙이자면, 발달장애가 있는 사람을 대상으로 한 직업진로지도 관련 서적에는 가장 맞지 않는 직업으로 '항공관제사'가 거명되어 있다.

항공관제사는 하늘의 항공교통 상황을 관리하고, 비행기의 이상 접근이나 충돌을 방지하며, 항공기 운항이 안전하고 원활하게 유지되도록 하는 것이 주된 임무이다. 실수는 절대로 용납되지 않는다. 만에 하나라도 항공관제를 잘못 하게 되면, 공중 충돌이나 이착륙 사고 등으로 수백 수천의 인명이 한순간에 위험에 처할 위험이 있기 때문이다.

발달장애가 있는 사람의 직업진로지도에 대해서는 제6장에서 다시 자세히 이야기할 것이다.

아스퍼거증후군의 특징

ADHD와 아스퍼거증후군은 서로 공통되는 증상이 많다. 앞에서 길게 설명한 ADHD의 특징 열여섯 항목은 거의 대부분이 아스퍼거증후군에도 그대로 적용된다. 그러나 아스퍼거증후군은 ADHD의 경우에는 볼 수 없는 특유의 증상이 있다. 여기서는 그런 부분을 정리해서 소개하고자 한다.

한편으로, 아스퍼거증후군과 고기능자폐증을 구별해야 한다는 주장이 있는 반면에 그런 구별이 별다른 의미가 없다는 연구자도 있다. 이 책에서는 아스퍼거증후군과 고기능자폐증을 하나의 범주로 묶어서 취급하고자 한다.

아스퍼거증후군의 증상을 설명하기에 앞서, 실로 흥미진진한 아스퍼거증후군 사례 한 가지를 소개하겠다.

"이 스님은 용모도 출중하고 힘도 세며 대식가에다가 글도 잘 쓴다. 학문이나 언변도 남보다 뛰어난 한 종파의 걸물이라, 닌나지(仁和寺, 교토에 있는 절)에서도 중요하게 여기고 있었다. 그런데 이 세상의 일에 대해서는 아무 생각이 없는 별난 사람으로서, 무엇이든 자기 마음이 내키는 대로이고 남을 따르는 일이 없다. 불사가 있어서 공양을 받는 자리에서도 그렇다. 사람들이 다들 조용히 앉아 있는데, 공양 준비가 다 끝날 때까지 함께 기다리지를 않는다. 자기 앞에 음식이 놓이면 바로 혼자서 먹어버리는 것이다. 그리고 돌아가고 싶으면 혼자서 휙 일어나 가버린다. 자기가 먹고 싶을 때는 밤이고 새벽이고 먹고, 졸리면 대낮에도 방문을 걸어 잠그고 들어가 버린다고 한다. 늘 이런 식이며, 아무리 중요한 일이 있어도 남이 하는 말은 듣지도 않는다. 눈을 떴다 하면 며칠 밤이고 잠을 안 자고, 기분이 좋으면 유유자적 돌아다니기도 하는 등, 이 세상의 상식과는 맞지 않는 부분이 많았다. 그런데도 사람들에게 미움을 받지 않았고 매사를 제멋대로 하는 것이 허용되었으니, 그만큼 덕이 높았기 때문이었을까?"

1338~1573년 무로마치 막부시대의 수필인 〈쓰레즈레구사〉에 나오는 조신이라는 고승의 이야기이다. 이것이 바로 일본에서 최초로 보고된 아스퍼거증후군 사례가 아닌가 싶다. 주인공 조신의 행동거지는 아스퍼거증후군 그 자체이다. 그래도 재능을 잘 살릴 수 있는 직업을 가져서 사회에서 제대로 인정도 받고 잘 받아들여졌다고 하겠다. 이 부분을 읽을 때마다 새삼 그런 생각이 들어서 괜히 마음이 놓이곤 한다.

아스퍼거증후군의 진단 리스트도 제2장 끝부분에 소개했으니 참고하기 바란다.

1 미숙한 대인관계(사회성) _ 애초부터 친구를 사귀려는 의욕이 없다

아스퍼거증후군인 사람의 가장 큰 특징은 깊은 인간관계를 구축하지 못한다는 것이다. ADHD인 사람 역시 인간관계를 맺는 데는 소질이 없다. 그러나 남들과 친하게 지내고 싶다거나 다른 사람과 사귀고 싶다는 욕구는 늘 가지고 있다. 사람들과 사귀고 싶지 않은 것이 아니고, 사귀고 싶은데 잘 사귈 줄 모르는 것이 ADHD인 것이다.

이에 반해 아스퍼거증후군은 남들과 잘 사귀고 싶다는 욕구가 별로 없다. 고립되어 있어도 아무렇지도 않다. 아이 때부터 혼자 놀 때가 많고, 누가 옆에 있어도 혼자서 노는 것을 좋아한다.

남과 대화할 때도 별로 시선을 마주치지 않으며, 손짓이나 몸짓으로 표현하는 부분이 적다. 또 사람의 표정이나 태도, 행동거지를 보고 상대방의 마음을 헤아리거나 그 자리에서 분위기를 파악할 줄을 모른다. 그래서 주변 사람들을 곤란에 빠뜨리거나 상처 주는 말을 아무렇지도 않게 해버리곤 한다. 물론 악의가 있는 것은 아니다.

어떤 시합이나 게임을 할 때도 서로 협력해서 즐겁게 진행해야 한다는 생각을 미처 못하고, 항상 1등을 하겠다거나 이겨야겠다는 생각에 매달린다. 이것을 '자폐증의 1등병'이라고 부르는데, 아스퍼거증후군이나 고기능자폐증에서 흔히 볼 수 있는 전형적인 증상이다.

또 정해져 있는 규칙을 유연하게 생각할 줄 모르고 융통성이 없다. 이상하게 정의감이 강하고 완벽주의가 있어서 상대방의 행위를 지나치게 비난하기도 한다. 그런 사실을 아무 생각 없이 다른 사람에게 말해버린다.

그래서 친구 사귀기가 좀처럼 쉽지 않은 경우가 많다. 그런데 정작 본인은 전혀 아무렇지도 않다. 남들이 어떻게 생각하든 전혀 상관이 없기 때문이다.

2 언어 소통 능력의 결함 _ 대화를 주고받는 능력이 부족하다

지능이 높은 아스퍼거증후군의 경우에는 유아기의 언어 지연 현상은 없으나 언어 소통에 독특한 점이 있다.

대화할 때는 일방적으로 자기가 하고 싶은 말만 하고, 상대방의 이야기에는 관심이나 흥미를 보이지 않는다. 주고받는 대화가 성립하지 않는 것이다. 이렇게 다른 사람과 제대로 대화할 줄 모르는 것이 아스퍼거증후군의 큰 특징이다.

이들의 대화 방식은 형식적이며, 같은 말을 반복하거나 말 표현에 어떤 특징이 있다. 말투에 억양이 없거나 쉴 틈 없이 말을 잇는다. 또 말이 자꾸 빙빙 돌아서 답답할 때도 있고, 세세한 부분에 걸려 넘어지는 경향도 뚜렷하다. 게다가 이야기가 자꾸 여기저기로 튀기 때문에 듣는 사람이 피곤하다.

어려운 말을 쓰기도 하고 어른스럽게 말하기도 하는데, 말에 함축되어 있는 내용이나 속뜻은 이해하지 못한다. 또 말의 의미를 글자 그대로 이해하기 때문에 농담이나 유머가 통하지 않으며, 비유해서 하는 말도 진짜로 받아들인다.

3 집착 또는 한정된 분야에만 흥미를 느끼는 경향 _ 한 가지 일에 비정상적으로 흥미를 갖는다

아스퍼거증후군인 사람은 자신이 흥미를 느끼는 아주 한정된 분야에만 열중한다. 그와 관련된 정보를 모으는 데에 엄청난 노력과 시간을 지불한다. 예를 들면 자동차나 기차, 로봇, 날씨, 지리, 역사, 우주, 곤충, 공룡, 한자, 계산하기, 달력 등에 열중한다. 그중에서도 마치 카탈로그를 작성하듯이 지식을 수집하는 유형이 가장 많다.

한편 아스퍼거증후군인 사람 가운데는 자기가 관심을 갖고 있는 분야에 대해서 무시무시할 정도의 기억력을 발휘하는 사람이 있다. 이를 '백치천재' 또는 서번트증후군이라고 한다. 이들은 흥미나 관심을 갖고 있는 것, 특히 시각적인 정보를 기억하는 능력이 뛰어나다. 그러나 머릿속으로 상상하는 것이라든가 예측하는 데에는 아주 서투르다.

아스퍼거증후군인 사람은 자기 나름의 특정한 습관이나 어떤 것의 차례나 순서를 지키는 데 강하게 집착하는 면이 있다. 이런 점 때문에 임기응변이 불가능하며, 변경이나 변화를 극도로 싫어한다. 규칙이나 이미 정해져 있는 것을 완강하게 지키며 융통성이 없다. 갑자기 예정되어 있던 내용이 바뀌면, 순식간에 기분이 나빠지면서 공황 상태에 빠지기도 한다.

이들에게는 극도로 못하는 면이 있는 반면에 월등하게 뛰어난 면도 있다. 이들은 자기가 좋아하는 공상 또는 판타지 세계에 일단 들어가면, 다시 현실 세계로 돌아오기가 힘이 든다. 현실 감각이 약해지기 때문이다. 컴퓨터(인터넷), 휴대전화, 게임, 도박 등에 한번 빠지면 쉽게 헤어나지 못하는 것도 이 때문이다.

아스퍼거증후군인 사람 중에는 부등교에서 시작해 은둔형외톨이, 니트족이 되는 경우가 적지 않다. 많이 알려져 있는 바와 같이, 밤과 낮이 뒤바뀐 채 컴퓨터나 게임 의존증에 쉽게 빠져 버리기 때문이다.

4 감각과 지각 이상 _ 미각이나 후각, 촉각과 청각의 과민함

아스퍼거증후군인 사람은 청각, 촉각, 후각, 미각 등이 비정상적으로 민감한 경우와 반대로 둔감한 경우가 있다. 이들은 먹는 음식에도 좋고 싫은 것이 많으며, 그중에는 극도로 편식을 하는 사람도 있다. 어떤 미각과 후각에 집착하고 그것에 과민 반응을 하기 때문이다.

자신을 해치는 자해 행위를 하는 경우도 많은데, 통각이 둔한 것도 하나의 이유라고 생각된다. 한편으로는 남과 몸이 닿는 것을 지나치게 민감하게 느끼는 경우도 있다.

어떤 특정한 소리를 극도로 싫어하기도 하고, 시끄러운 곳에 가면 몹시 불쾌함을 느끼거나 반대로 흥분 상태가 되는 '청각과민 현상'을 보이기도 한다. 특히 불꽃놀이, 총소리 같은 큰 소리나 기계음에 민감하게 반응해 공황 상태에 빠지는 경우도 있다.

5 협조운동의 부조화 _ 운동이나 손끝을 쓰는 동작이 서투르다

아스퍼거증후군인 사람은 걷거나 뛰는 동작이 독특한 데가 있다. 이들은 발끝으로 걷거나 무릎을 구부정하게 구부린 채로 걷기도 한다. 그래서 마치 꼭두각시 인형처럼 동작이 부자연스러워 보이기도 한다. 걸음걸이에 맞춰 팔을 흔들지 않는 경우도 있다.

이들은 줄넘기, 기계체조, 구기 운동 등 운동에 소질이 없다. 특히 공을 정확히 던지고 받는 것을 어려워한다. 또 운동 규칙을 이해하지 못하고, 응용도 잘 할줄 모른다. 종이접기나 가위로 자르기, 매듭 묶기와 같이 손가락을 사용하는 동작도 서투르다. 글자를 쓰는 속도가 느린 경우도 있고, 그림을 그리는 데 지장이 있는 경우도 있다.

이처럼 협조운동에 소질이 없다는 것은 ADHD보다는 아스퍼거증후군의 경우에 더 뚜렷하게 발견되는 특징이다. 최근에 MRI 연구나 사후 부검 연구로 자폐증이나 아스퍼거증후군의 특징적인 소견이 나온 바 있다. 소뇌의 발육과 발달이 부진하다는 점이 밝혀진 것인데, 인간의 협조운동을 담당하고 있는 부분이 바로 소뇌이다.

여성 발달장애의 특징

여성의 ADHD와 아스퍼거증후군은 남성보다 더 오래 오해를 받아 왔고 간과되어 왔다.

본래 성인 여성에게는 ADHD나 아스퍼거증후군이 존재하지 않는다고 생각했다. 의사들은 거의 진단조차 하지 않았다. 그러나 성인 여성에게도 발달장애가 적지 않다는 사실이 밝혀졌고, 1990년대에 들어오면서 비로소 세상의 주목을 받기에 이르렀다.

1 발견하기 어려운 여성의 발달장애 _ 눈에 띄지 않는 주의력결핍우세형이 많다

여성의 경우에는 남성과 달리 ADHD와 아스퍼거증후군 양쪽에서 문제행동으로 주목받고 있는 과잉행동충동성우세형이 적은 것으로 알려져 있다. 그리고 쉽게 발견하기 어려운 주의력결핍우세형이 압도적으로 많다고 한다. 성인 여성의 발달장애가 최근까지도 오해 속에 간과되어 왔던 이유가 바로 이것이다.

그렇기 때문에 과잉행동충동성우세형 남성처럼 타인에게 공격성을 나타내거나 반사회적 행동을 보이는 경우가 드물고, 두드러지는 문제 행동도 없다. 겉으로 봐서는 그다지 눈에 띄지 않는다.

그러나 최근의 연구 결과에 따르면, 발달장애 여성도 문제행동이 없는 것이 아니며 마음속의 불안이나 갈등은 남성과 같거나 아니면 더 심하다는 사실이 밝혀졌다.

성인 여성의 발달장애에 나타나는 특징을 정리해보면 다음과 같다.

2 여성 발달장애의 특징적인 증상 다섯 가지

① 집안일이나 잡다한 주변 일을 조리 있게 하지 못한다

이들은 주의력 결핍 경향이 강해서 집안일이나 잡다한 일, 즉 청소, 빨래, 음식 준비, 정리정돈, 장보기, 전화 응대나 손님 접대, 육아, 부모 간병과 같은 일을 요령 있게 순서대로 착착 해나갈 줄 모른다.

이들은 돈, 시간, 서류 관리도 못한다. 각종 청구서나 중요한 서류 등을 아무데나 놔둔 채 잊어버리고, 가계부를 쓰기 시작해 놓고도 계속하지 못한다. 또 어떤 일의 마감 시한을 지키지 못하고 약속 시간에 잘 늦으며, 중요한 약속을 새까맣게 잊어버리기도 한다.

그래서 이들은 항상 정해 둔 곳에 물건을 놓겠다고 다짐하고, 계획표를 만들어서 그날 할 일을 분명히 하겠다고 마음을 먹는다. 그러나 결국은 작심삼일로 끝나고 만다.

왜 집안일이나 잡다한 주변 일을 못하는 것일까?

한 가지 일을 다 끝내기 전에 다른 일을 벌이고, 또 그 일을 마치기 전에 다시 다른 일에 손을 대기를 반복하기 때문이다. 다시 말해, 어떤 한 가지가 정리되지 않은 상태에서 차례차례 다른 할 일이 생겨나서 (아니면 자기 마음대로 다른 일을 만들어서) 머릿속이 공황 상태에 빠지기 때문이다.

② 자기평가 수준이나 자존감이 현저하게 낮다

연구자들이 많이 지적하고 있는 것이, 이들이 자기평가 수준이나 자존감이 현저하게 낮다는 점이다. "나는 책임감도 없고 칠칠찮은 사람이고 일상적인 집안일도 못하는 한심한 여자다." 하는 생각이 강하며, 심한 열등감과 무력감을 느낀다.

그래서 혹시 어떤 남성과 친해지는 일이 있더라도 더 가까워지기를 주저하고 결혼을 향해 나아가지 못한다. "나 같은 사람은 결혼을 해도 집안일이나 애 키우는 일을 못할 거야." 하는 생각이 들기 때문이다. 또 비록 결혼을 하게 되더라도 남편에게 버림받을지 모른다거나 남편이 먼저 죽으면 어떡하나 하는 불안감을 떨치지 못한다.

이들은 자기평가 수준이나 자존감이 낮기 때문에 소극적이고 내향적인 모습을 보이다가 결국 사람들과 사귀기를 피하는 쪽으로 기울어진다.

이와 같이 자기 껍질 속에 파묻혀서 사람들 눈에 띄지 않게 쥐 죽은 듯이 사는 여성을 가리켜 한 연구자는 "벽장 속에 숨어서 산다."고 표현하고 있다. 딱 그 말대로 이들은 눈에 띄지 않게 살고 있는 것이다.

③ 우울증이나 불안장애, 과식, 쇼핑의존증 등을 동반하기 쉽다

자기평가 수준이나 자존감이 낮은 여성들은 자신이 '무엇을 해도 안 되는 여자'라는 자책감을 안고 있는 경우가 많다. 그리하여 기분이 깊이 가라앉을 때가 많고, 우울증에 쉽게 빠져 버린다.

또 강박성장애, 사회공포(대인공포), 공황장애 같은 불안장애를 일으키는 경우도 적지 않으며 과식, 알코올, 쇼핑, 섹스 등에 의존증을 보이거나 기벽행동을 보이는 경우도 많다.

아동정신과 의사인 조셉 비더만(Joseph Biederman) 등은 성인 ADHD인 남성과 여성 각각 12명을 대상으로 정신 증상과 인지 기능을 비교하는 연구를 실시했다. 그 결과, 여성은 남성에 비해 우울증이나 불안장애를 보이는 비율이 높았으며, 학생 때는 학교 성적이 낮았고 인지 기능도 낮았던 것으로 나타났다.

또 뉴욕 주립대학 정신의학과 교수 파라온(Stephen Faraone) 등은 성인ADHD인 여성 69명을 대상으로 혈연관계가 있는 사람들을 조사한 결과, ADHD뿐만 아니라 우울증, 불안장애, 반사회적 행동의 발병률이 높았다고 보고했다.

이런 사실은 여성의 ADHD와 우울증, 불안장애, 반사회적 행동이 유전적으로 관련이 있다는 것을 시사하고 있다.

④ 성적인 문제를 안고 있는 경우가 많다

성인 여성의 발달장애에 나타나는 특징적인 문제 중 하나가 성 문제이다. 이들은 성욕이 없어져서 불감증이 되는 경우가 흔하다. 그 반면에 지나치게 성욕이 항진되어 이성관계가 문란하거나 섹스의존증에 빠지는 사례도 있다.

성인ADHD 진단 기준으로 잘 알려져 있는 존 레이티 등의 연구에 따르면, 성인ADHD인 사람 중 일부는 성적인 자극에 극히 민감하고 성적 욕구가 강해서 성생활에 문제가 발생하는 경우가 있다고 한다.

⑤ 생리전증후군이 심해지기 쉽다

생리가 시작되기 직전이 되면 언제나 마음이 불안하고 짜증이 나는 현상을 경험하는 여성들이 많은데, 이를 생리전증후군(PMDD : Premenstrul Dysphoric Disorder)이라고 한다. ADHD나 아스퍼거증후군이 있는 여성 발달장애인은 생리전증후군이 심하거나 우울증을 앓기 쉬운 것으로 알려져 있다.

생리전증후군의 정신 증상이 나타나면 이유 없이 슬퍼져서 눈물을 흘리기도 하고, 괜히 초조해하며 성질을 내기도 한다. 그리고 별것도 아닌 것을 가지고 언쟁을 벌인다. 또 집중력이 없어져서 일이든 노는 것이든 열중하지 못하고, 정도가 심해지면 무기력에 빠져 집 안에 틀어박히기도 한다.

식욕이나 수면 리듬에 변화가 동반되는 것도 큰 특징 중 하나이다. 음식의 기호가 변해서 한없이 단것을 먹고 싶어하기도 하고, 지나치게 많이 자거나 반대로 불면에 시달리기도 한다.

신체적으로는 흔히 두통이나 머리가 무거운 증상, 유방이 아프거나 당기는 증상이 나타난다. 그 밖에 관절통이나 근육통, 얼굴이나 팔다리가 붓는 증상을 보이는 사람도 있다.

최근에 들어와서는 생리전증후군이 여성 범죄와 밀접한 관계가 있다는 사실이 밝혀지고 있다. 어떤 역학 연구에 따르면, 프랑스에서는 여성 범죄 가운데 폭력의 84퍼센트, 도둑질의 63퍼센트가 생리전이나 생리중에 일어났다고 한다. 미국이나 일본의 경우에도 비슷한 연구 결과를 확인할 수 있다.

영국이나 캐나다에서는 생리전증후군이라는 진단을 받으면, 한정책임능력(책임 능력이 현저히 감퇴되어 있는 상태)을 인정해 감형 대상이 되고 있다.

아무튼 생리전증후군은 ADHD나 아스퍼거증후군일 경우에 중증이 되기 쉽기 때문에 여성 발달장애인으로서는 심각한 문제이다.

성인ADHD 여성들이 안고 있는 부담

성인ADHD인 여성의 전형적인 모습을 기술해 미국에서 베스트셀러가 된 책이 있다. 새리 솔든(Sari Solden)이 쓴 《정리할 줄 모르는 여자들 Women with Attention Deficit Disorder》이라는 책인데, 그중에 이런 내용이 있다.

"처음에는 2층을 치우기 시작했는데요. 문득 수건이 없다는 생각이 나서 수건을 가지러 계단을 내려왔더니 뭘 하려고 내려왔는지 생각이 나지 않았어요. 그런데 현관에 벗어 둔 신발이 보이더라고요. 그래서 신발을 수납하려고 들고 들어왔는데, 침대에 잡지가 펼쳐져 있어서 훑어봤더니 여행 기사가 눈에 띄더라고요. 여행 계획을 세우고 있던 중이었거든요. 그러고 보니 신청 마감 날짜가 얼마 안 남았다는 생각이 떠올라, 정신없이 여행사 전화번호를 찾기 시작했어요. 그런데 종이가 여기저기 산더미처럼 쌓여 있고 이거나 저거나 다 숫자가 쓰여 있는 거예요. 게다가 글자도 아무렇게나 써 놓아서 읽을 수도 없고…… 찾다 보니 아직 안 낸 요금청구서가 나왔는데, 은행에 가야 하는 거예요. 자동차에 가스도 떨어졌고, 열쇠도 안 보이고……."

"나는 어렸을 때부터 '치울 줄 모르는 여자애'였어요. 방도 치울 줄 모르고, 숙제 정리나 책상 서랍 정리도 할 줄 모르고, 건망증도 심하고, 물건도 잘 흘리고 다니고요. 수업 중에도 딴 데를 보거나 잡담을 하는 건 우리 반에서 1등, 아니 전교 1등이었어요."

정리정돈을 잘 할줄 모른다거나 건망증이 심한 것은 남녀 사이에 별차이가 없다. 그러나 그것을 가지고 큰일이라며 문제를 삼는 것은 여성쪽이 훨씬 많다.

가정에서든 직장에서든, 자질구레한 집안일이나 잡무는 대개 여성들에게 맡기는 경우가 많다. 그렇기 때문에 그만큼 곤란한 상황에 직면하거나 부담을 짊어지게 되는 기회가 많은 것이다.

이런 점을 두고 새리 솔든은 이 세상에는 "여자는 이것저것 섬세하게 신경 쓸 줄 알아야만 한다."는 '여자다움의 기준'이 있어서, 그것이 성인ADHD인 여성들을 평생토록 괴롭힌다고 지적한다.

집안일에 동참하는 남성이 많은 미국에서도 그러하니, 아직도 가부장적인 요소가 남아 있는 사회에서야 더 말할 것도 없을 것이다.

그래도 보통 사람들은 어떻게든 노력을 하겠지만, ADHD인 사람은 요령 있게 척척 해치울 수가 없다. "이것도 해야 하고 저것도 해야 한다."고 생각하는 와중에 혼란이 생겨 결국 이것저것 다 엉망진창이 되어 버리기 때문이다.

여성 발달장애인이 성인이 되어 우울증을 동반하기 쉬운 것은 이 때문이기도 하다. 집안일이나 자질구레한 주변 일을 잘해야 한다는 '여자다움'의 기준과 그에 대한 부적응이 커다란 원인 중 하나인 것이다.

어른의 발달장애
자가진단 리스트

제2장의 마지막에 어른의 발달장애를 스스로 진단해 볼 수 있는 리스트를 소개한다. 표2~표4는 ADHD, 표5는 아스퍼거증후군의 진단 리스트이다.

우선 앞에서 말한 바와 같이 표2는 미국 정신의학회가 작성한 것으로, 아동 ADHD를 대상으로 하고 있으며 어른의 ADHD는 대상이 아니다. 물론 ADHD의 기준 증상은 어디까지나 '주의력 결핍', '과잉행동', '충동성' 세 가지이다. 과잉행동은 아동기(초등학교) 후반이 되면 상당히 개선되지만, 주의력 결핍 증상과 충동성은 사춘기나 청년기 이후로 성인이 된 다음에도 계속 남는다.

어른의 ADHD 진단 기준으로는 표3의 웬더·유타 진단 기준과 표4의 에드워드 할러웰과 존 레이티의 진단 기준이 유명하다.

진단 기준을 보면, 항목 수가 많고 상당히 다양한 방향에 걸쳐 있다는 것을 알 수 있다. 이것은 아직도 성인 ADHD라는 질환 개념이 충분히 확립되어 있지 않으며 막연한 상태라는 것을 그대로 보여주는 것이라고도 볼 수 있다.

어른의 ADHD는 어렸을 때 ADHD 기왕력이 있었다는 것이 절대조건이다. 사춘기 이후에 갑자기 ADHD 증세가 발생하는 일은 있을 수 없다. 그렇기 때문에 진단할 때는 어렸을 때 ADHD 기왕력이 있었는지를 가족들에게 확인하는 작업이 반드시 필요하다.

여기에 소개한 진단 기준을 이용하여 개인적으로 자가진단을 해보는 것은 어느 정도 가능하겠지만, 확실한 진단을 받으려면 역시 전문가의 도움을 받을 것을 권한다.

표5는 아스퍼거증후군 진단 기준인데, 여기서는 영국의 심리학자 바론 코헨(Baron-Cohen) 등이 작성한 것을 지바 대학 교수인 와카바야시 아키오와 이바라기 대학 교육학부 교수인 도조 요시쿠니가 번역하고 표준화한 '아스퍼거 질문표(자폐증 스펙트럼 지수 AQ:Autism Spectrum Quotient)'를 소개한다.

이 질문 내용은 와카바야시와 도조 등이 사회인과 대학생 1244명과 고기능자폐증과 아스퍼거증후군인 사람 57명을 대상으로 비교 검토함으로써 그 신뢰성과 타당성이 확인된 바 있다.

ADHD와 마찬가지로 이 질문표를 사용하여 어느 정도는 자가진단을 할 수 있다. 도조 등의 연구에 따르면, 질문표의 채점 결과가 33점 이상인 경우에 아스퍼거증후군과 고기능자폐증일 가능성이 높은 것으로 나타났다고 한다.

그러나 ADHD나 아스퍼거증후군 같은 발달장애는 개인차가 있다.

여기서 소개하고 있는 질문 내용이 모든 사람에게 딱 들어맞을 수도 없거니와 사람들의 모든 문제를 다 아우르고 있는 것도 아니다. 최종적인 판단은 전문가에게 맡기기 바란다.

표2 DSM-IV의 ADHD 진단 기준

A ①과 ② 가운데 어느 쪽인가?

❶ 다음의 주의력 결핍 증상 가운데 6개(또는 그 이상)가 최소한 6개월 이상 계속된 적이 있다. 그리고 그 정도가 부적응에 가깝고 발달 수준에 대응하지 못하고 있다.

주의력 결핍

1 학교 공부, 일 또는 그 밖의 활동을 할 때 꼼꼼하게 주의를 집중하지 못하는 경우가 자주 있고, 주의력 결핍으로 잘못을 저지른다.

2 과제를 수행할 때나 놀 때, 주의를 집중하기 힘든 경우가 자주 있다.

3 본인에게 직접 이야기를 하고 있는데, 듣고 있지 않는 것처럼 보이는 경우가 자주 있다.

4 지시하는 대로 따르지 않는 경우가 자주 있고, 학교 공부나 볼일 또는 직장 업무를 끝까지 완수하지 못한다(반항적인 행동 또는 지시 내용을 이해하지 못한 경우가 아님).

5 어떤 과제를 수행하거나 활동을 할 때 순서를 매기는 것에 곤란을 겪을 때가 자주 있다.

6 (학교 공부나 숙제처럼) 정신적인 노력을 계속해야 하는 과제가 주어지면, 그것을 피하려 하거나 싫어하거나 마지못해서 하는 경우가 자주 있다.

7 (예를 들면 장난감, 학교 숙제, 연필, 책, 도구 등) 과제나 활동에 필요한 것들을 잃어버리는 경우가 자주 있다.

8 외부 자극에 쉽게 주의를 돌리는 경우가 자주 있다.

9 매일 하는 일과나 활동을 잊어버리는 경우가 자주 있다.

❷ 다음의 과잉행동과 충동성 증상 가운데 6개(또는 그 이상)가 최소한 6개월 이상 지속된 적이 있다. 그리고 그 정도가 부적응에 가깝고 발달 수준에 대응하지 못하고 있다.

과잉 행동

1 손과 발을 가만히 놔두지 못하고 움직이거나, 의자에 앉아 있을 때도 몸을 가만히 두지 못할 때가 많다.

2 교실이나 어떤 장소에 가만히 앉아 있어야 하는 상황인데도 자리를 벗어나는 일이 자주 있다.
3 부적절한 상황에서 더 많이 뛰어다니거나 높은 데 올라가거나 하는 행동을 할 때가 자주 있다(청년 또는 성인의 경우에는 마음이 차분하게 안정되지 않는다는 자각으로 나타날 수 있다).
4 조용하게 놀거나 차분히 여가 활동에 전념하지 못하는 경우가 자주 있다.
5 '가만히 있지를 못할' 때가 많고, 마치 '엔진이 돌아가는 듯이' 움직일 때가 자주 있다.
6 지나치게 말이 많은 경우가 자주 있다.

충동성

7 질문이 끝나지 않았는데 느닷없이 대답하기 시작하는 경우가 자주 있다.
8 자기 차례가 올 때까지 기다리는 데 곤란을 겪는 경우가 자주 있다.
9 다른 사람을 방해하거나 귀찮게 구는 경우가 자주 있다(예를 들면 다른 사람의 대화나 게임에 끼어드는 것).

B 과잉행동과 충동성 또는 주의력 결핍 증상 가운데 몇 가지가 7세 이전에 있었고, 그것이 장애를 일으키고 있다.

C 이런 증상에 따른 장애가 두 가지 이상의 상황(예:학교와 가정)에서 나타난다.

D 사회적 기능과 학업 또는 직업적 기능에 임상적으로 현저한 장애가 있다는 명확한 증거가 있어야 한다.

E 그 증상이 광범성 발달장애, 통합실조증 또는 그 밖의 정신병성 장애가 경과하는 중일 때만 나타나는 것이 아니고, 다른 정신질환(예를 들면 기분장애, 불안장애, 해리성장애 또는 인격장애)으로는 잘 설명되지 않는다.

＊"Quick reference to the Diagnostic Criteria from DSM-IV-TR" first published 2000 by the American Psychiatric Association Washington, DC 번역판《DSM-IV-TR 정신질환의 분류와 진단 안내》2002년 4월 의학서원 간행 p.59~62에서 작성함.
＊DSM : 미국 정신의학회가 정한 정신질환 분류와 진단에 관한 기준

표3 웬더·유타 성인 ADHD 진단 기준

I 소아기 증상

A 또는 B의 정의에 해당하는 소아기의 ADHD 증상이 과거에 나타난 적이 있다.

A 협의의 기준 : DSM-III-R의 소아기 ADHD 진단 기준에 적합하다.

B 광의의 기준 : ①과 ②의 증상이 함께 보이고, ③~⑤의 증상 가운데 1개 이상이 해당한다.

❶ 과잉행동을 보인다. 다른 아이에 비해 활동적이며, 가만히 앉아 있지 못한다. 몸을 가만히 두지 못하고 움직이며, 안절부절못하고 두리번거린다. 항상 무엇인가를 하고 있고 심하게 말이 많다.

❷ 주의력 결핍 증상(주의를 집중하는 시간이 짧다는 말을 쓰기도 한다)과 산만함, 몽상적 태도를 보인다는 말, 학교에서 내주는 과제나 숙제를 완수해 내지 못한다는 말, 게으름뱅이라거나 건망증이 심하다는 말을 들은 적이 있다. "좀 더 잘할 수 있을 텐데 안 한다."는 말을 들으며, 난독증 같은 일차적 학습장애나 지능장애 등이 원인이 아닌 학습 부진을 보인다.

❸ 학교에서 문제행동을 보인다. 수업 중에 떠들거나 다른 아이보다 주의를 많이 받는다. 수업을 방해했다고 불려 나가거나 방과 후에 학교에 남은 적이 있다. 교장 또는 선생님에게 주의를 받은 적이 있다.

❹ 충동적이며, 자기 차례를 기다리지 못하고, 생각 없이 행동해 버린다. 크게 소리를 지르거나 문제를 일으킨다. 앞뒤 가리지 않고 무모하게 행동한다.

❺ 크게 흥분하기 쉽다. 또는 욱하고 성질을 부리며 폭발한다. 쉽게 싸운다.

II 성인기 증상

A 성인기에 ①(과잉행동)과 ②(주의력 결핍)가 동시에 보이며, ③~⑦의 증상 가운데 2개 이상이 해당한다.

❶ 지속적인 과잉행동이 나타난다.
❷ 주의력 결핍, 집중력 장애, 산만함을 보인다.
❸ 감정이 쉽게 변한다.

❹ 성질을 잘 낸다. 쉽게 격해진다. 욱했던 것이 금세 가라앉는다. 일시적으로 자기를 잃어버린다. 벌컥벌컥 화를 내거나 항상 짜증을 낸다. 성질이 급하다.

❺ 정리를 못하고, 과제를 끝까지 해내지 못한다.

❻ 스트레스 내성이 약하다.

❼ 충동적이다.

B 다음과 같은 증상이 없다.

❶ 양극성장애, 우울증성 장애.

❷ 통합실조증, 분열감정장애, 분열병형 인격장애, 분열병형 스펙트럼장애에서 볼 수 있는 불분명한(애매하고 종잡을 수 없는) 사고나 언어.

❸ 경계성 인격장애

　1 과도하게 이상화했다가 심하게 깎아내리는 양극단을 끊임없이 오가는 것이 특징인 불안정 때문에 과격한 인간관계를 맺는 경향이 있다.

　2 반복적으로 자살을 예고하거나 그런 기미를 보이며, 자살 미수 또는 자해행위를 일으킨다.

　3 자기동일성에 뚜렷한 장애를 보인다.

　4 만성적인 허무감을 호소한다.

　5 현실이나 어떤 상상 속에서 버림을 받지 않으려고 미친 듯이 노력한다. 혼자 있는 것을 못 견뎌 한다.

❹ 반사회성 인격장애 또는 1년 이내에 알코올이나 약물을 남용하거나 중추자극제를 남용한 경력이 있다.

* From "Attention-Deficit-Hyperactivity Disorders in Adults" (pp.241~243) by P. H. Wender, 1995, New York : Oxford University Press and from "ADHD in Adulthood : A Guide to Current Theory, Diagnosis, and Treatment" (pp.15~17), by M. Weiss, L. T. Hechtman, & G. Weiss, 1999, Baltimore : Johns Hopkins University Press.

표4 할러웰과 레이티의 성인ADHD 진단 기준

A 다음과 같은 만성적인 어려움이 15항목 이상 인정된다.

❶ 실력을 발휘하지 못했다거나 목표를 (실제로는 달성했는데도 불구하고) 달성하지 못했다는 느낌이 든다.

❷ 질서 있게 행동하지 못한다.

❸ 매사를 미룬다. 아니면 언제나 일을 늦게 시작한다.

❹ 여러 계획을 동시에 진행하지만, 대부분 마지막까지 완수해내지 못한다.

❺ 이야기하기에 적절한 시점이고 상황인지 생각하지 않고, 머릿속에 떠오르는 것을 바로 입 밖에 내버린다.

❻ 빈번하게 강한 자극을 추구한다.

❼ 심심한 상태를 참지 못한다.

❽ 금방 주의가 산만해지고 집중하는 것이 어렵다. 책을 읽거나 대화를 하는 도중에 다른 생각에 빠져 건성으로 지나친다. (때로는 비정상적일 정도로 집중할 때도 있다.)

❾ 이미 정해져 있는 방식이나 적절한 순서 등을 지키는 데 곤란을 느낀다.

❿ 성질이 급하고, 스트레스나 욕구 불만을 잘 견디지 못한다.

⓫ 충동적이다. 말이나 행동 양면에서 충동성을 보인다. (돈을 쓰는 방식이나 계획을 변경할 때, 새로운 기획을 하거나 직업을 선택할 때 충동적으로 행동한다.)

⓬ 불필요한 걱정을 한없이 한다. 걱정거리를 스스로 이것저것 찾는 경향이 있다. 실제로 위험한 일에는 주의를 기울이지 않거나 가볍게 넘겨버린다.

⓭ 마음을 놓을 수 없는 불안정감을 느낀다.

⓮ 기분이 쉽게 흔들리고 잘 변한다. 특히 사람과 헤어졌을 때나 일에서 손을 놓았을 때 마음이 불안정해진다. (그러나 조울증이나 우울증일 정도로 기분 변동이 명확한 것은 아니다.)

⓯ 마음이 가라앉지 않고 떠 있는 느낌이다. (아이들한테서 보이는 정도의 심한 과잉행동이 아니라, 오히려 정신적인 에너지가 고양되어 있는 듯한 형태에 가깝게 나타난다. 괜히 이리저리 왔다 갔다 하거나, 손가락으로 물건을 톡톡 두드리거나, 앉아 있을 때도 몸의 자세를 이리저리 바꾸거나, 작업장이나 자기 책상을 자주 벗어나거나, 가만히 있으면 안절부절못하는 기분이 되는 등의 모습을 보인다.)

⓰ 기벽 경향을 보인다. (그 대상이 알코올이나 코카인 같은 약물인 경우와, 도박이나 쇼핑, 식사, 일 같은 활동인 경우가 있다.)

⓱ 만성적으로 자존감이 낮다.

⓲ 자기 자신을 부정확하게 인식하고 있다.

⓳ ADHD, 조울증, 우울증, 물질 남용, 그 밖의 충동 제어 장애나 기분장애의 가족력이 있다.

B 아이 때 ADHD였다.(정식으로 진단을 받지는 않았더라도, 과거를 돌이켜보았을 때 그와 같은 징후나 증상이 있었다고 짐작되는 경우를 포함한다.)

C 다른 의학적 또는 정신의학적 상태로 설명이 안 된다.

주) 각 항목은 동일한 정신연령을 지닌 대부분의 성인과 비교했을 때 더 빈번히 관찰되는 경우에만 해당하는 것으로 간주한다.

표5 아스퍼거 질문표(자폐증 스펙트럼 지수)

해당하는 항목에 O를 한다.

① 그렇다 ② 그런 편이다 ③ 그렇지 않은 편이다(아니다) ④ 그렇지 않다(아니다)

		❶	❷	❸	❹
1	무슨 일인가를 할 때는 혼자서 하는 것보다 다른 사람과 함께 하는 것을 더 좋아한다.				
2	같은 방식을 여러 번 반복해서 사용하는 것을 좋아한다.				
3	무엇인가를 상상할 때 영상(이미지)을 쉽게 떠올릴 수가 있다.				
4	다른 것은 전혀 신경 쓰이지 않을 정도로(전혀 눈에 들어오지 않을 정도로) 어떤 것에 몰두할 때가 흔히 있다.				
5	다른 사람은 눈치 채지 못할 정도로 작은 소리를 알아차릴 때가 흔히 있다.				
6	자동차 번호나 시각표 숫자 같은 일련의 숫자들 또는 특별한 의미가 없는 정보에 주목하는(매달리는) 경우가 흔히 있다.				
7	자신은 정중하게 말한다고 생각하는데, 주변에서 예의 없게 말한다는 소리를 들을 때가 흔히 있다.				
8	소설 같은 것을 읽을 때 등장인물이 어떤 사람인지(겉모습 등) 쉽게 상상할 수 있다.				
9	어떤 날짜를 필요 이상으로 잘 기억하는 경향이 있다.				
10	회식이나 모임 같은 데서 다양한 사람들의 대화 속에 쉽게 동화되어 들어갈 수 있다.				
11	자신이 처해 있는 사회적 상황(자신의 입장)이 쉽게 변한다.				
12	다른 사람은 눈치 채지 못할 것 같은 소소한 것들을 쉽게 알아차릴 때가 많다.				
13	회식 같은 자리보다 도서관에 가는 것이 더 좋다.				
14	꾸며낸 이야기는 금세 알아차린다(금방 안다).				
15	물건보다 사람에게 더 매력을 느낀다.				
16	그것을 못하면 몹시 혼란(공황 상태 등)에 빠져버릴 정도로 강하게 흥미를 느끼는 것이 있다.				
17	다른 사람과 잡담을 포함해 사교적인 대화를 나누는 것을 즐길 수 있다.				
18	자신이 이야기하고 있을 때는 좀처럼 다른 사람이 중간에 끼어들지 못하게 막는다.				
19	숫자에 대한 어떤 집착 같은 것이 있다.				
20	소설이나 텔레비전 드라마 등을 볼 때 등장인물의 의도를 잘 이해하지 못할 때가 있다.				
21	소설과 같은 픽션을 읽는 것은 별로 좋아하지 않는다.				
22	새로 친구를 만드는 것이 어렵다.				
23	언제나 매사에 어떤 방식(형태나 규칙 등)이 있다는 것을 알아차린다.				

		❶	❷	❸	❹
24	박물관보다 극장에 가는 것을 더 좋아한다.				
25	자신의 일과를 방해받더라도 혼란스럽지 않다.				
26	대화를 어떻게 진행하면 좋은지 잘 모를 때가 흔히 있다.				
27	누군가와 이야기를 할 때, 상대방의 말 속에 들어 있는 '뜻밖의 의미'를 쉽게 이해할 수 있다.				
28	세부적인 부분보다 전체적인 모습에 주의가 집중될 때가 많다.				
29	전화번호 외우는 일이 서투르다.				
30	상황(방의 상태나 물건 등) 또는 사람의 겉모습(복장이나 머리 모양) 등이 평소와 약간 달라진 정도로는 금방 알아차리지 못할 때가 많다.				
31	자신의 이야기를 듣고 있는 상대방이 지루해할 때, 어떻게 이야기를 하면 좋은지 알고 있다.				
32	동시에 두 가지 이상의 일을 하는 것은 쉽다.				
33	전화로 이야기를 하고 있을 때, 자신이 언제 말하면 좋을지 모를 때가 있다.				
34	어떤 일을 자기가 스스로 알아서 해나가는 것이 즐겁다.				
35	농담을 알아듣지 못할 때가 흔히 있다.				
36	상대방의 얼굴을 보면, 그 사람이 생각하고 있는 것이나 느끼고 있는 기분 등을 안다.				
37	하고 있던 일이 방해를 받아 중단되더라도, 하고 있던 일로 금방 되돌아갈 수 있다.				
38	다른 사람과 잡담이라든가 사교적인 대화 나누기를 잘한다.				
39	똑같은 일을 여러 번 반복하고 있다는 말을 주변 사람들에게 흔히 듣는다.				
40	아이 때, 친구들과 술래잡기나 기차놀이 같은 것을 하며 놀았다.				
41	어떤 특정한 것(자동차, 새, 식물 등)에 관한 정보를 수집하는 것을 좋아한다.				
42	어떤 일이나 대상을 남들이 어떻게 느끼는지 상상하는 것이 서투르다.				
43	자기가 할 일은 어떤 것이든 신중하게 계획을 세우는 것을 좋아한다.				
44	사교적인 상황(기회)이 즐겁다.				
45	다른 사람의 생각(의도)을 이해하는 것이 서투르다.				
46	새로운 국면(상황)에 불안을 느낀다.				
47	처음 보는 사람과 만나는 것이 즐겁다.				
48	사교적이다.				
49	사람의 생일을 기억하는 것이 서투르다.				
50	어린아이와 술래잡기나 기차놀이 같은 것을 하며 같이 노는 것을 아주 잘한다.				

＊ 채점 방법 : 각 항목 중 별색으로 표시된 항목(   )은 ①과 ②에 ◯를 한 경우에 1점, 다른 항목은 ③과 ④에 ◯를 한 경우를 1점으로 계산하여 더한다(진단 기준은 118~119쪽을 참조).

제3장

발달장애는
숨어 있다

우울증, 알코올의존증과
발달장애의 관계

발달장애는 사춘기나 청년기 이후에 다양한 합병증을 일으키기 쉬운 것으로 밝혀졌다.

예를 들어 내 조사 결과를 보아도, 최근에 성인ADHD로 외래 진료를 받은 발달장애인 80명 가운데 합병증을 갖고 있지 않은 사람은 불과 11명(13.8%)이었다. 나머지 69명(86.2%)은 어떤 형태로든 합병증을 보이고 있었다. 단, 이 조사 결과는 어디까지나 종합병원의 정신과와 심료내과(내과 증상과 관련이 있는 신경증이나 심신증을 치료하는 진료 과목으로, 내과적 치료와 심리요법을 병행한다)에서 진료를 받은 발달장애인을 대상으로 한 것이다. 보통 인구 중의 발달장애인을 대상으로 한 것이 아니므로 합병증의 비율이 상당히 높게 나왔을 가능성이 있다.

합병증이 없는 사람은 전형적인 ADHD 증상으로 진료를 받았다. 정리정돈을 못한다거나, 일상생활에서 필요한 관리를 못한다거나, 감정 조절이 안 되고 쉽게 욱한다거나 하는 것이 이유였다. 진단을 받은 후에 치료나 상담 등에 양호한 반응을 보였고, 그 경과도 순조로웠다.

한편 합병증을 나타낸 69명은 모두 심각한 증상을 보이고 있었다. 가정이나 직장, 사회에 적응하는 수준이 낮았고, 치료나 상담 등에 대한 반응도 좋지 않았다.

우울증을 동반한 경우가 가장 많았고, 불안장애, 인격장애, 의존증이나 기벽행동 등 복수의 합병증을 나타내는 사람도 있었다. 합병증의 수가 많을수록 치료가 어려웠고, 그중에는 장기간의 통원 치료가 필요한 경우도 있었다.

어른이 되었어도 자립 또는 사회 적응이 어려운 발달장애인은 대부분이 합병증을 일으킨다. 발달장애인이 성인이 되어 한 인간으로서 독립할 수 있을 것인가 하는 문제는, 사춘기와 청년기를 합병증 없이 무사히 넘길 수 있는가 하는 데에 달려 있다.

발달장애는
왜 합병증을 일으키기 쉬운가

발달장애가 합병증을 일으키기 쉬운 근본적인 이유는 무엇일까?
ADHD와 아스퍼거증후군에 공통되는 이유로 다음 세 가지를 들 수
있다.

① 심리사회적 요인
② 생물학적 요인
③ 유전적 요인

우선 심리학적 요인부터 살펴보자. 구체적으로는 가정의 양육 환경
과 학교 환경에 안정감이나 신뢰 관계가 결여되었을 때, 스트레스나 심
리적 트라우마를 경험했을 때 등을 꼽을 수 있다.

최근에 전문가들은 뇌의 취약성과 스트레스의 강약 정도가 상호작

용을 하여 발달장애 합병증이 생기는 것으로 보인다는 의견을 내놓았는데, 이를 '스트레스 취약성 모델'이라고 부른다(그림 4). 본래 뇌에 어떤 취약한 면이 있는 사람은 작은 스트레스에도 반응을 일으키며, 정상적인 건강한 뇌는 스트레스에 강하다고 보는 견해이다.

이 세상에는 심한 따돌림을 당했든, 폭력을 휘두르는 아버지처럼 문제 있는 가정환경에서 자랐든 간에, 그것을 뛰어넘는 사람이 있다. 마음의 상처를 남기지 않고 씩씩하게 사회에 잘 적응하며 살아가는 것이다. 이런 사람은 뇌가 건강하고 스트레스에 강하다고 할 수 있을 것이다.

그러나 이 세상에는 그런 사람만 있는 것이 아니다. 예방 차원에서 생각한다면, 발달장애가 있는 사람은 보통의 건강한 사람 이상으로 스트레스나 압력이 적은 환경(가정, 학교, 직장)에서 더 따듯한 보호와 지원을 받아야 한다.

그러나 현실은 정반대이다. 발달장애인은 특유의 말과 행동 때문에 게으름뱅이, 이상한 사람, 제멋대로 구는 사람이라는 오해를 받는다. 그리고 매일같이 부모와 선생님에게 "왜 또 그랬어? 도대체 몇 번이나 말해야 알아듣겠니?" 하는 소리와 함께, 심한 질책과 비난을 받는다. 따돌림의 대상이 될 때도 많다. 상황이 이러니 합병증을 일으키는 것도 무리가 아니다.

다음은 생물학적 요인인데, 이는 뇌의 기능장애를 가리킨다. 최근의 연구 결과에 따르면, 이들은 전두엽, 미상핵, 대뇌변연계 등에 기능장애가 있는 것으로 나타났다. 이 부분은 우울증이나 불안장애 등과 밀접한 관계가 있는 곳이다. 발달장애인이 사소한 심리사회적 요인으로도 합병증을 일으키기 쉬운 이유가 이 때문인 것으로 생각된다.

세 번째로 유전적 요인이 있다. 이에 대한 역학조사 결과에 따르면, 우울증이나 알코올의존증 같은 합병증을 보이는 발달장애인은 부모나 가족 중에 우울증이나 알코올의존증이 있는 경우가 많다는 것이 밝혀지고 있다.

발달장애인이 합병증을 일으킬 가능성에는 유전적 요인도 큰 영향을 미치고 있는 것이다.

 그림 4 스트레스 취약성 모델

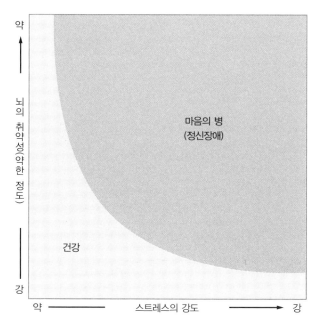

뇌에 취약한 면이 있는 사람은 약한 스트레스에도 마음의 병이 생기고, 뇌가 약하지 않은 사람(강한 사람)은 다소 스트레스가 강해도 마음의 병이 나지 않는다.

발달장애는
만병의 근원

전문의들 사이에는 "발달장애는 만병의 근원이다."라는 말이 있다. 갖가지 정신장애가 발생하게 된 과정을 조사하다 보면, ADHD나 아스퍼거증후군 같은 발달장애가 하나의 원인으로 등장하는 경우가 많기 때문이다.

ADHD는 크게 ① 과잉행동충동성우세형, ② 주의력결핍우세형, ③ 혼합형 세 가지로 나누어진다. 미국 등에서의 연구 결과에 따르면, ①과 ③에서 비행(행위장애), 반사회성 인격장애, 알코올의존증, 약물의존증 같은 합병증이 많고, ②에서는 우울증, 불안장애, 학습장애 같은 합병증이 많은 것으로 밝혀졌다.

여성에게는 ②의 주의력결핍우세형이 많기 때문에 역시 합병증도 우울증이나 불안장애가 압도적으로 많다. 그러나 아이 때는 그런 문제행동이 인식되지 못하고 있다가 어른이 된 다음에야 비로소 우울증 등을 나타내면서 ADHD라는 것을 발견하게 되는 경우가 적지 않다.

　현재 필자가 진료하고 있는 성인 여성 가운데 우울증인 경우를 보면, 원래 ADHD나 아스퍼거증후군 같은 발달장애를 갖고 있었던 사람이 많다. 이들은 물론 거의 대부분이 아이일 때 그런 사실을 모르고 있었다. 그리고 어른이 된 이후에도 우울증 치료만 받았으며, 경과가 좋아지지 않은 채 장기화된 사례가 많다.

　그래서 필자는 성인 여성으로서 우울증이 만성화하여 잘 낫지 않는다면 발달장애를 의심해 봐야 한다고 제안하고 있다.

이런 증상이 있으면
성인ADHD를 의심하라

지금부터는 어른의 발달장애에 가장 많은 ADHD의 합병증을 알아보기로 하자. 성인ADHD의 대표적인 합병증으로는 다음과 같은 것들이 있다.

① 우울증(기분장애)

② 양극성장애(조울증)

③ 불안장애(신경증)

④ 의존증 또는 기벽행동

⑤ 행위장애(비행) 또는 반사회적 행동(범죄)

⑥ 성도착증

⑦ 인격장애

⑧ 틱장애 또는 투렛증후군(tourette syndrome : 운동틱과 음성틱이 함

께 나타나는 증상)

⑨ 학습장애

여기서는 이 가운데 성인ADHD의 합병증으로 매우 빈번하게 발생하는 우울증, 불안장애, 인격장애, 의존증과 기벽행동을 알아보기로 하자.

이런 증상이 쉽게 낫지 않는 경우에는, 원질환(본래 있었던 질환)으로써 어른의 발달장애가 그 뒤에 숨어 있을 가능성이 있다. 우울증이 그런 것처럼 말이다. 이럴 때는 전문의의 상담을 받아 볼 필요가 있다.

1 우울증(기분장애) _ 잘 낫지 않는 우울증의 배경에는 발달장애가 있다

우울증에 걸리면 기분이 심하게 가라앉고 수면장애로 아침에 일찍 눈을 뜨게 된다. 또 식욕도 없어지고 머리가 아프며 온몸이 심하게 나른해진다. 모든 일이 귀찮고 지금까지 좋아했던 취미생활도 즐겁지 않다. 일에도 열중할 수가 없고, 장래에 어떤 희망도 보이지 않는다. 그뿐만 아니라 과거에 자신이 했던 사소한 일에도 커다란 죄책감이 느껴지고, 자신을 책망하는 마음이 점점 심해져 하루하루가 몹시 괴롭다. 우울증은 이러한 증상을 나타내며, 최악의 경우에는 자살 위험까지 있는 정신질환이다.

어른의 발달장애가 우울증을 동반하기 쉽다는 것은 국내외 할 것 없이 널리 보고된 바 있다. 뇌의 기능장애나 유전적인 요인도 있으나, 기본적으로는 성공한 경험보다 좌절한 경험이 훨씬 많아서 자기평가 수준이나 자존감이 낮다는 것이 커다란 이유이다.

여기서는 내가 조사한 결과를 소개하면서 그 실태를 설명하고자 한다.

내가 경험한 80개 사례(남성 29개 사례, 여성 51개 사례)의 성인 ADHD 가운데 합병증을 동반하지 않은 것은 11개 사례(13.8%)뿐이었다. 나머지 69개 사례(86.2%)는 합병증을 나타내고 있었으며, 그 가운데 68개 사례가 우울증 또는 우울 상태를 보였다. 그 외에도 다른 증상들이 중복되어 나타나는 경우가 많았는데, 불안장애가 30개 사례(37.5%), 의존증이나 기벽행동이 30개 사례(37.5%), 인격장애가 32개 사례(40.0%)였다.

우울증을 동반한 사례 가운데 다양한 치료 후에 '반응 양호(치료에 따라 증상이 거의 사라진 상태)'를 보인 것이 15개 사례(36.8%)였고, '반응 조금 양호(증상은 개선되었으나 아직 남아 있는 상태)'를 보인 것이 17개 사례(25.0%), '반응 불량(치료해도 증상이 개선되지 않은 상태)'으로 나타난 것이 26개 사례(38.2%)였다.

2 불안장애(신경증) _ 말이나 행동과 달리 그 이면에 불안이 숨어 있다

ADHD인 사람은 남의 기분을 헤아리거나 배려할 줄 몰라 뭐든지 망설이지 않고 적나라하게 말해 버리는 경향이 있어서 언뜻 보기에는 뻔뻔한 사람으로 비친다. 그러나 실제로는 엄청나게 걱정이 많은 사람으로서 마음속에 이런저런 불안과 갈등을 안고 있어서 불안장애를 동반하는 경우가 적지 않다.

예를 들어 아동정신과 의사인 조셉 비더만의 조사 결과에 따르면, 성인ADHD의 52퍼센트가 두 가지 이상의 불안장애를 함께 가지고 있는 것으로 나타났다. 또 캐나다 맥마스터 대학의 조사 연구에서도 성인

ADHD의 45퍼센트가 불안장애를 동반하고 있는 것으로 나타났다. 일반적으로 보통 성인의 경우에 불안장애 발생률이 4퍼센트 정도이므로, 이와 비교하면 그 비율이 상당히 높다고 하겠다.

성인ADHD에서 흔히 볼 수 있는 불안장애에는 강박장애, 사회불안장애, 공황장애, 외상후스트레스장애, 전반성 불안장애 등이 있다. 이에 대해 자세히 알아보기로 하자.

❶ 강박장애(강박신경증) _ 그만둘 수 없는 불합리한 행위

강박장애의 주요 증상은 마음속에서 반복해서 일어나는 불안한 생각이나 이미지(강박관념)와 그것을 없애려고 행하는 다양한 행위(강박행위)이다. 대표적인 증상으로는 다음과 같은 것들이 있다.

- 손이 세균 등으로 오염되어 있다고 느껴져서 여러 번 손을 씻지 않을 수가 없다.
- 집을 나설 때 현관문을 잘 잠갔는지 불안해서 여러 번 되돌아와 확인한다.
- 가스를 사용한 후 밸브를 잘 잠갔는지 불안해서 여러 번 확인한다.
- 옷을 입고 벗을 때나 목욕탕에 들어갈 때 그 순서가 평소와 다름이 없는지 불안해서 처음부터 다시 한다.
- 매일 똑같이 정해진 방식대로 행동하지 않으면 불안하다.
- 4나 7이라는 숫자 등과 같이 길흉을 따지는 것에 마음이 쓰인다.
- 책이나 가구 등이 바르게 놓여 있지 않으면(예를 들면 좌우대칭이어야 한다든지) 신경이 쓰여서 참을 수가 없다.

계속해서 일어나는 불안한 생각이나 이미지가 불합리하고 바보 같다는 것은 본인도 잘 알고 있다. 그러나 그 상태로 놔두지 못하고 그것을 없애버리려고 이런저런 행위를 해야만 하는 것이 이 장애의 특징이다. 그렇기 때문에 많은 시간과 에너지를 소모하고, 때로는 일상생활을 영위하는 데에도 지장을 받는다.

예를 들어 고층 아파트 상층부에 살고 있는 어떤 회사원의 경우를 보자. 이 사람은 아침에 집을 나설 때면 현관문이 제대로 잠겼는지 확인하려고 언제나 꼭 "찰카닥 찰카닥 찰카닥……" 하면서 손잡이를 열세 번 돌려서 점검한다고 한다. 그런 다음에 엘리베이터를 타고 아래층으로 내려오는데, 다시 불안한 마음이 생기면 재차 엘리베이터를 타고 올라간다고 한다. 그리고 다시 "찰카닥 찰카닥 찰카닥……" 하면서 손잡이를 열세 번 돌리며 잠긴 문을 확인한다. 이런 일이 자주 있어서 차를 놓치고 지각을 할 때도 많다고 한다.

이와 같은 강박장애 증상이 심해지면 어떤 작업이나 행동을 원활하게 할 수가 없다. 그리하여 일 또는 학교 공부가 영향을 받게 된다. 그중에는 일을 계속하지 못하고 그만두거나 인간관계를 피하고 은둔형외톨이 상태에 빠져버린 경우도 있다.

❷ 사회불안장애(대인공포증) _ 아무것도 아닌 것에 불안이나 긴장을 느낀다
사회불안장애란 불안이나 공포를 느끼는 상황이 되면 몸이나 마음에 이런저런 증상이 나타나는 정신질환이다. 구체적으로 다음과 같은 상황에 놓이거나 또는 그런 상황을 상상하면, 심하게 긴장하여 강한 불안감에 휩싸이게 된다.

발달장애를 깨닫지 못하는 어른들

- 남 앞에서 전화를 한다.
- 윗사람이나 잘 모르는 사람과 이야기를 한다.
- 회의 등에서 발언하거나 자신의 의견을 말한다.
- 많은 사람들 앞에서 이야기하거나 노래를 한다.

이런 상황에서 다음과 같은 증상이 나타나게 된다.

- 손발이 떨린다.
- 땀을 많이 흘린다.
- 숨쉬기가 힘들어진다.
- 심장이 뛴다.
- 얼굴이 빨갛게 된다.
- 목소리가 나오지 않는다.

보통 사람이라면 다음과 같은 일은 아무것도 아닐 것이다.

- 직장이나 학교에서 다른 사람이 있는 자리에서 업무를 보거나 필기를 한다.
- 취미 모임이나 학부모회의, 자원봉사 활동, 세미나 같은 그룹 활동에 참가한다.
- 커피숍, 레스토랑, 술집 등에서 음식을 먹고 마신다.

그러나 이들은 이런 경우에도 불안감이나 긴장감이 심해져 손발이 떨리고 숨쉬기가 힘들어진다. 그렇기 때문에 가능한 한 불안이나 긴장을 유발하는 것들을 피하려고 한다.

예를 들어 결혼식이라든지 어떤 모임에 초대를 받는다고 하자. 이들은 "식사할 때(아니면 방명록에 이름을 적을 때) 손이 떨리면 어떡하나.", "인사할 때 목소리가 떨리거나 얼굴에 경련이라도 일어나면 어떡하나." 하는 생각에 불안과 긴장감이 점점 커져 결국 참석하는 것 자체를 피하려 들게 된다.

더 심해지면 다른 사람과 접촉하는 것 자체를 피하게 되고, 나아가 니트족이나 은둔형외톨이처럼 부자유한 생활을 할 수밖에 없게 된다.

❸ 공황장애(불안신경증) _ 어느 날 갑자기 죽음의 불안이 엄습한다

공황장애란 어느 날 갑자기 심계항진(평소에는 자각되지 않는 심장의 고동이 느껴지고 불쾌감이 일어나는 증상), 호흡 곤란 등의 발작이 일어나며 죽을 것 같은 불안에 휩싸이게 되는 정신질환이다. 구체적으로는 다음과 같은 증상이 엄습하여 "이대로 죽는 것이 아닌가?" 하는 심한 불안과 공포에 빠지게 된다.

- 어지럼증이 나타난다.
- 심장이 두근거린다.
- 몸이나 손발이 떨린다.
- 호흡이 빨라진다.
- 숨쉬기가 힘들어진다.
- 땀이 난다.

- 가슴에 통증 또는 불쾌감이 느껴진다.
- 메스껍거나 복부 불쾌감이 느껴진다.

공황장애는 의사에게 검진을 받아도 신체적으로는 아무 이상을 발견할 수 없다. 특별한 원인이나 계기가 없는데도 어느 날 갑자기 증상이 발생하는 것이 특징이다. 한번 발생하면, "또 그 무서운 발작이 일어나는 것은 아닐까?" "다음에 또 발작이 일어나면 정신이 이상해지지 않을까?" "다음번에는 진짜로 죽게 되는 것이 아닐까?" 하는 생각에 사로잡히게 된다. 다시 그 발작이 재발될 것 같은 불안(예기불안)에서 벗어나지 못하는 것이다.

그리하여 가능한 한 방어적인 행동을 취한다. 예를 들면 고속철도나 비행기, 고속도로, 터널, 엘리베이터, 창고나 창문이 없는 장소 등을 피하는 것이다.

이들은 무슨 일이 생겼을 때 누군가에게 도움을 요청할 수 없다거나 금방 도망칠 수 없는 장소에 가는 것에 공포를 느낀다. 심해지면 혼자서 외출하지 못하는 상태가 되기도 하고, 혼자서 교통수단을 이용하지 못하는 경우도 있다. 이런 경우를 광장공포라고 부른다.

공황장애는 거의 대부분이 광장공포를 동반한다.

❹ **외상후스트레스장애 _ 트라우마가 일으키는 증상들**
외상후스트레스장애는 앞에서 언급한 것처럼 마음에 가해진 충격적인 심적 외상 경험(트라우마)이 원인이 되어, 나중에 다양한 신체적, 정신적 스트레스장애를 일으키는 정신질환이다.

원인이 되는 심적 외상 경험에는 다음과 같은 것들이 있다.

- 전쟁
- 재해(태풍, 지진, 화재 등)
- 비행기나 자동차 등의 사고
- 아동학대나 가정폭력
- 범죄 피해(폭력, 강간, 성적 학대 등)

이러한 사고나 재해, 사건 등으로 직접 피해를 입지 않았더라도 그것을 목격한 것이 트라우마가 되어 외상후스트레스장애를 일으키는 경우도 있다. 외상후스트레스장애로 나타나는 신체적, 정신적 증상에는 다음과 같은 것들이 있다.

ⓐ 플래시백(재체험 현상)

트라우마 경험이 자꾸 떠오르고, 반복해서 꿈을 꾼다. 또 트라우마 경험을 상기시킬 것 같은 상황에 강한 공포나 불안 반응을 나타낸다.

ⓑ 회피 증상

트라우마 경험을 상기시킬 것 같은 일이나 대상을 피한다. 트라우마 경험 그 자체를 떠올리지 못하게 되는 수도 있고, 견디기 힘든 감정을 느끼지 못하게 되는 대신에 심하게 감정이 둔해지기도 한다.

ⓒ 과각성 증상(정신적인 과민 증상)

잠이 오지 않는다거나 화가 잘 난다거나 경계심이 극도로 강해진다.

성인ADHD인 사람은 건강한 보통 사람보다 외상후스트레스장애를 동반하기 쉬운 것으로 알려져 있다. ADHD인 사람은 뇌의 기능장애 때문에 스트레스 내성이 낮은데, 거기다가 신기한 것을 추구하는 경향이 강해서 위험이 따르는 운동이나 취미 활동을 좋아한다는 것이 그 이유인 것 같다. 이것이 사고로 이어질 가능성이 큰 만큼, 심한 심적 외상을 입을 가능성도 그만큼 크기 때문이다.

❺ 전반성 불안장애(불안신경증) _ 특별한 이유도 없는데 불안이 계속된다
전반성 불안장애는 특별한 병이나 고민거리도 없는데 막연한 불안과 걱정이 늘 머릿속을 떠나지 않고, 이것이 만성적으로(진단 기준으로는 6 개월 이상) 계속되어 다양한 신체적, 정신적 증상을 일으키는 정신질환이다.

정신적인 증상으로는 만성적인 불안, 긴장감, 마음이 차분히 가라앉지 않고 불안정함, 과민, 초조하고 화가 잘 남, 집중력이나 기억력 저하 등이 있다. 또 신체적인 증상으로는 근육 긴장, 목이나 어깨 결림, 두통, 몽롱함, 떨림, 심장이 두근거림, 숨이 참, 어지러움, 메스꺼움, 오한, 수족 냉증, 빈뇨, 설사, 쉽게 피로함, 불면 등이 많이 나타난다.

이런 신체적 증상이 나타나면 어디 아픈 데가 있나 걱정이 되어 병원에 가서 진찰을 받기도 한다. 그러나 증상의 원인이라 할 병이 발견되지 않아서, 오히려 불안에 빠지는 사람도 적지 않다.

전반성 불안장애는 어떤 걱정거리나 스트레스가 원인이 되어 발병하는 경우가 많은 것 같다. 그러나 그것을 근본적인 원인이라고 할 수는 없으며, 다만 하나의 계기에 지나지 않는다. 원인은 잘 알려져 있지 않으나 타고난 기질이나 유전, 자율신경장애 등이 원인이라고 보는 설

이 있다.

성인ADHD인 사람들은 주의력이 부족하고 충동적이라서 말과 행동을 잘 조절하지 못한다. 이들에게 전반성 불안장애가 자주 동반되는 것은 그런 점에서 늘 막연한 불안감을 안고 살아가기 때문이 아닌가 생각된다.

3 인격장애 _ 한쪽으로 치우친 사고방식과 행동 때문에 생활이 망가진다

인격장애란 보통 사람들에 비해 현저하게 한쪽으로 치우친 사고방식이나 행동방식 때문에 가정생활이나 사회생활, 직업에 지장을 초래하는 정신질환이다.

인격장애는 크게 A형, B형, C형 세 가지로 분류하고 있으며, 여기에 열 가지 유형이 속해 있다.

• 특이하고 이상한 A형

특이하고 이상한 사고방식이나 자폐적이고 비현실적인 망상을 갖기 쉽고, 기이하게 칩거하려는 성향을 보이는 유형이 A형으로 분류된다. 여기에 속하는 것이 망상성(또는 편집성) 인격장애, 통합실조형 인격장애, 통합실조성 인격장애이다.

• 극적인 B형

감정 상태가 심하게 혼란스럽고, 극적인 정서 변화와 자기 자신을 두드러지게 드러내려는 성향이 특징이다. 또 스트레스에 약하고 주변 사람들을 마음대로 휘두르거나 끌어들이려고 하는 성질을 보인다. 여기에는 경계성 인격장애, 반사회성 인격장애, 자기애성 인격장애, 연기성 (또는 히스테리성) 인격장애의 네 유형이 있다.

• **불안감이 강한 C형**

신경질적인 데가 있으나 온화한 편이며, 별로 자기주장을 하지 않고 다른 사람 중심으로 움직이려는 성향을 보인다. 회피성 인격장애, 의존성 인격장애, 강박성 인격장애의 세 유형이 있다.

이 가운데 성인ADHD와 가장 밀접한 관계가 있는 것이 극적인 B형이다. B형의 공통점은 감정 상태나 대인관계가 극도로 불안정하고, 분노와 공격성이 자기 자신이나 남을 향한다는 점이다. 그래서 본인 자신이 괴로운 데서 그치지 않고 가족이나 연인, 주변 사람들까지도 괴롭히고 고민에 빠뜨린다.

최근의 연구 결과에 따르면, B형 가운데서도 특히 경계성 인격장애와 반사회적 인격장애, 자기애성 인격장애가 성인ADHD와 밀접한 관계가 있는 것으로 알려졌다. 여기서는 이 세 가지 유형을 더 자세히 소개하고자 한다.

경계성 인격장애는 ADHD인 여성에게, 반사회성 인격장애와 자기애성 인격장애는 ADHD인 남성에게 더 많은 것이 특징이다.

❶ 경계성 인격장애 _ 전혀 다른 사람처럼 돌변한다

이 유형의 가장 큰 특징은 인격이 극히 불안정하다는 점이다. 기분이 그런 것은 물론이고, 행동이나 대인관계 측면에서도 잠깐 사이에 태도가 싹 돌변한다. 완전히 다른 사람이 되는 것이다.

이들은 주변 사람들한테 버림받는 것을 극도로 두려워하며, 미움 받지 않으려고 비정상적일 정도로 노력한다. 주변 사람들을 이상화하기도 하고 때로는 심한 분노를 드러내기도 한다. 자아상이 불안정하므로 장래의 목표가 일정하지 않고, 늘 공허감이나 무기력함을 끌어안고 산다.

약물이나 알코올, 섹스 등에 의존하기 쉽고, 과식을 하거나 무모한 운전을 하는 등, 자신에게 상처를 입히는 충동적 행위를 반복한다. 손목을 긋는 자해나 자살 행위를 되풀이하는 것도 이 유형에서 흔히 볼 수 있다.

ADHD와 경계성 인격장애의 공통점은 의존증이나 기벽행동이 함께 나타날 확률이 매우 높다는 점이다. ADHD인 사람은 각성 수준을 높이거나 불안을 누그러뜨리려고, 또 경계성 인격장애인 사람은 분노나 공격성, 공허감 등을 해소하려고 약물 등에 쉽게 의존하는 것이다. 이때 양쪽에 공통되는 것이 강한 충동성이다.

❷ 반사회성 인격장애 _ 자신의 욕구를 위해서라면 남에게 상처를 입힐 수도 있다

이들은 사회 규범을 지켜야 한다는 의식이나 타인과 공감하는 능력이 결여되어 있다. 그렇기 때문에 자신의 욕구를 충족시키기 위해서라면 다른 사람에게 피해를 주는 일도 서슴지 않으며, 남을 속이거나 상처 주는 일도 쉽게 저지른다. 또 사소한 일에 분노가 폭발하고, 그 배출구로 폭력이나 파괴, 절도에 빠져들기도 한다.

그런 일로 양심의 가책이나 죄책감을 느끼는 경우는 드물며, 항상 자

신을 정당화한다. 만약 형벌을 받는다 해도 개선되지 않으며, 범죄 행동을 되풀이한다.

사람을 사랑하는 능력이나 상냥한 마음씨 같은 것은 현저히 결여되어 있으나, 남의 안색을 살펴 가며 속여 넘기는 능력은 뛰어난 것으로 생각된다. 나아가 불량배처럼 사는 것이 자신이 살아갈 길이라고 믿고 있는 사람도 적지 않다. 그래서 얼핏 이런 모습을 보고 쿨하고 멋지다고 생각하는 경우도 많은 것으로 생각된다.

역학조사 결과에 따르면, ADHD인 아이는 성인이 되어 반사회성 인격장애가 될 위험성이 보통 사람의 10배나 되는 것으로 나타났다. 그러므로 ADHD를 발견하지 못하고 그대로 어른이 되면, 상당히 높은 비율로 반사회성 인격장애를 일으키게 된다는 것을 알 수 있다.

❸ 자기애성 인격장애 _ 항상 거만하고 오만하며 남을 배려하지 못한다
자기애성 인격장애인 사람은 자신이 특별하고 우수한 인물이라고 굳게 믿고 있으며, 모든 성공과 명예와 권력과 재산 등을 다 손에 넣을 수 있다는 환상에 사로잡혀 있다. 그러므로 주변 사람들한테 언제나 상찬과 존경을 받기 바라고, 자신은 늘 특별대우를 받아야 한다는 특권의식이 있으며, 항상 거만하고 오만한 태도와 행동을 취한다.

또 다른 사람의 마음을 헤아려 주는 배려심이나 공감하는 능력이 결여되어 있어서, 자신의 목적을 달성하는 데에 다른 사람을 아무렇지도 않게 이용한다. 그리고 남이 자신보다 더 크게 성공하거나 명예를 얻으면 심하게 질투를 한다.

❹ 의존증과 기벽행동 _ 쾌감 부족을 약물 등으로 해결한다

제2장에서 언급한 바와 같이, 성인ADHD가 다양한 의존증이나 기벽행동을 동반하기 쉽다는 것은 임상적으로도 잘 알려져 있다.

나도 80개 사례의 ADHD를 대상으로 조사한 결과, 30개 사례(37.5%)가 의존증이나 기벽행동을 함께 보이는 것으로 나타났다. 그 내용을 더 자세히 살펴보면, 알코올의존증인 경우가 13개, 과식증이 7개, 낭비벽이 6개, 섹스의존증이 3개, 발모벽이 3개, 도박의존증이 2개 사례 등이었다(한 사람에게 여러 개의 증상이 나타난 경우에도 각각 별개의 증상으로 계산했다).

앞에서도 여러 번 이야기했지만, 이들은 자기평가 수준이나 자존감이 낮고 스트레스 내성이 약하며 감정이 불안정하다. 그래서 마음의 불안을 해소하고자 도피하듯이 순간적으로 쉽게 의존증이나 기벽행동에 빠져드는 것으로 생각된다. 설리번이 지적한 바와 같이, 발달장애가 있는 사람은 판단 능력이 떨어지고 충동성이 강하기 때문에 그런 데 쉽게 빠져드는 면도 있을 것이다.

노스텍사스 대학의 프람 등은, 발달장애가 있는 사람은 뇌에서 쾌감을 느끼는 부분인 보수계라는 뇌신경계에 문제가 있다는 견해를 내놓았다. 그 때문에 항상 '쾌감 결핍 상태'에 있으며, 그래서 쾌감을 찾아 의존증이나 기벽행동에 쉽게 빠진다는 것이다.

일반적으로 의존증이나 기벽행동은 앞에서 잠깐 설명한 것처럼 다음과 같이 세 가지로 분류된다.

① 알코올, 약물, 담배, 카페인 등에 의존하는 '물질 의존'

② 과식증, 도박, 쇼핑, 섹스, 발모벽, 자해 행위 등에 의존하는 '행위 의존'

③ 연인이나 부부 간 폭력 등에 의존하는 '인간관계 의존'

의존증에 대해서는 대부분 제2장에서 다루었으므로, 여기서는 행위 의존 가운데 도박의존증과 섹스의존증을 좀 더 자세히 알아보기로 하겠다.

우선 도박의존증이란, 경마나 파친코 같은 도박으로 얻을 수 있는 정신적 고양감에 강하게 사로잡혀 있는 정신질환을 말한다. 이 때문에 여기저기서 빚을 지고 일과 가정에 심각한 지장을 초래하더라도 자신의 의지로는 그만두지 못한다. 거의 강박적으로 도박을 계속하는 것이다.

도박의존증이 되면 돈을 빌려서라도 도박에 몰두하므로, 대부분 사금융 등에까지 손을 내밀어 거액의 채무를 짊어지게 된다. 그리고 채무에 시달리다 결국 사기나 횡령 같은 범죄까지 저지른다. 나아가 그 때문에 이혼을 하는 등 가정이 붕괴되는 경우도 적지 않다.

한편 섹스의존증이란, 알코올의존증인 사람이 술을 그만두지 못하는 것과 마찬가지로 성적인 충동을 스스로 조절하지 못하게 된 상태를 가리킨다. 쉽게 말하자면, 섹스라는 행위에 사로잡혀 있는 상태, 섹스를 하지 않고서 있을 수가 없는 상태이다.

발달장애인은 엄청나게 걱정이 많은 사람이라 마음속에 이런저런 불안과 갈등을 끌어안고 살아간다. 그런 괴로움 속에서 잠깐이라도 "섹스를 통해 구원을 받았다."는 경험을 하게 되면, 다시 그 쾌감에 젖어들고 싶어서 자꾸 섹스를 원하게 된다.

여기에는 금방 싫증을 내고 스릴을 찾으며 신기한 것을 추구하는 특유의 성향도 가세하고 있다.

그런데 섹스의존증에는 많은 위험이 뒤따른다. 우선 불특정 다수와 성 접촉을 하게 되면 당연히 성적 감염증이나 원하지 않는 임신이라는 위험 부담이 커진다. 또 바람이나 불륜이 원인이 되어 가정이 붕괴될 수도 있고, 성적 충동 때문에 강간과 같은 성범죄에 빠져 사회적 지위를 잃어버리거나 성폭력의 피해자가 될 수도 있다.

또 이들은 충동적이고 신기한 것을 추구하는 경향이 강하기 때문에 신상의 안전을 고려하지 않고 어둠의 세계에 발을 들여놓기도 한다. 구체적으로 말하자면, 불법 풍속업소 등에서 범죄에 휘말려 부상을 당하거나 목숨을 잃는 경우도 있다.

이처럼 섹스의존증은 그 음란한 어감과는 전혀 다른 방향에서 매우 심각한 사태를 초래할 수 있는 위험한 정신질환이다.

제4장

발달장애는
왜
생기는가

양육 환경만의
문제가 아니다

발달장애의 자세한 원인과 병증은 아직 제대로 알려져 있지 않은 것이
사실이다.

그러나 발병 메커니즘은 밝혀져 있다. 우선 발달장애는 가정의 양육
환경 같은 환경 요인이나 심적 외상 경험(트라우마) 등의 심리적 요인
때문에 일어나는 것이 아니라는 것이다. 본래 그렇게 타고나거나 출산
전후에 뇌 기능이 손상을 입어서 발병한다는 사실이 분명하게 확인되
고 있다.

다만 본래의(일차적) 원인은 어디까지나 뇌의 장애에 있다 해도, 이
차적으로 심리사회적 요인 때문에 악화되거나 이차 장애나 합병증을
일으키는 경우가 많은 것도 사실이다.

예를 들어 ADHD나 아스퍼거증후군인 아이가 부모의 방치나 학교
친구들에게 따돌림을 당했을 때 부등교로 이어지기 쉽다는 것은 잘 알

려져 있다.

제4장에서는 우선 근본적인 원인인 뇌의 기능장애를 알아보고, 그 다음에 심리사회적 요인을 설명하도록 하겠다.

1 뇌의 기능장애는 왜 일어나는가? _ 유전과 출생 전후의 주산기(周産期) 이상

뇌에 기능장애를 일으키는 원인으로 가장 유력한 것 중 하나가 유전적 요인이다.

발달장애 가운데서도 유병률(어떤 시점에 나타나는 그 지역 인구에 대한 병자의 비율)이 높은 ADHD, 자폐증, 아스퍼거증후군은 모두 유전과 밀접한 관계가 있다. 예를 들어 발달장애인 쌍생아 연구 결과를 보면, 유전정보가 다른 이란성에 비해서 기본적으로 같은 유전정보를 갖고 있는 일란성의 경우에 양쪽이 똑같은 발달장애를 보일 확률이 상당히 높았다. 특히 자폐증의 경우에는 일치하는 확률이 80~90퍼센트에 이르는 것으로 나타났다.

또 ADHD와 고기능자폐증, 아스퍼거증후군의 메커니즘은 유전적으로 또는 생물학적으로 중복되는 부분이 많은 것으로 추측되고 있다. 예를 들어 부모나 형제 중 하나가 ADHD인 경우에, 배우자나 다른 형제들 중에 고기능자폐증이나 아스퍼거증후군이 높은 확률로 발견된다는 사실이 밝혀지고 있기 때문이다.

여기서 반드시 강조하고 싶은 것이 있다. 유전적인 요인이 있으니 반드시 그 증상이 일어난다는 것이 아니라 어디까지나 일어나기 쉬운 경향이 유전되는 것이라는 점을 이해해야 한다는 것이다.

발달장애를 깨닫지 못하는 어른들

뇌에 기능장애를 일으키는 그 밖의 요인으로는, 출생 전후의 주산기 이상이나 출생 후의 감염증 등이 복합적으로 관련되어 있을 것으로 생각된다. 최근에 ADHD나 아스퍼거증후군, 고기능자폐증이 증가하고 있는데, 그런 이유를 유전적 요인만으로는 설명할 수 없기 때문이다.

태아기, 출생 당시, 신생아기(생후 4개월까지) 사이에 아이의 뇌 발달에 영향을 미치는 요인으로는 미숙아 또는 저체중으로 태어난 경우, 임신중독증, 심한 황달, 바이러스 질환(인플루엔자, 홍역, 풍진 등), 뇌염, 수막염, 심한 영양장애, 머리 손상 등을 들 수 있다. 그리고 ADHD, 자폐증, 아스퍼거증후군의 경우에 이런 점이 공통적으로 발견되고 있다.

최근에는 이와 함께 임산부가 임신 중에 음주 또는 흡연을 하는 경우(태아 알코올 담배 증후군), 중금속(수은, 납 등)이나 환경호르몬(PCB, 다이옥신 등) 같은 환경오염의 영향을 받는 경우 등에도 주목을 하고 있다.(특히 중금속과 환경호르몬은 발달장애뿐만 아니라 천식이나 아토피성 피부염 같은 알레르기 등과도 관련되어 있다는 점에서 주목을 받고 있다. 이 때문에 일본 후생노동성은 2010년 4월부터 태어나는 아이 10만 명을 대상으로 15년에 걸쳐, 태아기의 중금속이나 환경호르몬 오염과 출생 후의 발달장애나 알레르기의 관련성을 대규모로 조사하기로 결정했다.)

2 뇌 연구로 밝혀지고 있는 발달장애 메커니즘

앞에서 이야기한 바와 같이, 뇌의 기능장애는 유전이나 주산기 이상이 원인이라고 생각되고 있다. 그러면 뇌의 기능장애는 구체적으로 어디가 어떻게 손상을 입어 발달장애의 병인이 되는 것일까?

최근에 들어와서 이 부분을 놓고 다양한 각도에서 접근하는 연구가 진행되고 있다. 그중에서도 커다란 성과를 거두고 있는 것이 뇌의 방사선의학적 연구와 생화학적 연구이다. 각각의 연구 결과를 간단히 살펴보기로 하자.

❶ 방사선의학적 연구 성과 _ 뇌에서 손상된 부분과 장애의 관계

방사선의학적 연구란 MRI(Magnetic Resonance Imaging, 자기공명영상) 검사 장치, PET(Positron Emission Tomography, 양전자방출단층촬영법), SPECT(Single Photon Emission Computed Tomography, 단일광자단층촬영) 등을 이용해 발달장애의 병인을 밝혀내려고 하는 것이다.

ⓐ 전두엽 손상이 일으키는 ADHD

현재 ADHD의 원인으로 가장 유력하게 꼽히는 것은 1986년에 셰른(Gordon Chelune, 유타 대학 신경학 교수)이 내세운 전두엽 기능부전설(전두엽 탈억제설)이다. 이는 'ADHD의 과잉행동과 충동성이 나타나는 것은 기본적으로 전두엽이 담당하고 있는 억제 기능이 제대로 작동하지 않는 상태이기 때문'이라는 견해로, 전두엽의 기능장애를 원인으로 지적하고 있다.

전두엽은 인간과 같은 영장류에서 가장 고도로 발달된 부분으로, 주의를 집중하고 지속하는 힘, 충동성이나 욕망을 스스로 조절하는 힘, 창조력, 상상력, 인지 능력, 언어 능력, 의욕과 의지를 발휘하는 힘 등과 밀접한 관련이 있는 것으로 알려져 있다.

침팬지 등의 영장류를 이용한 동물 실험에 따르면, 전두엽이 손상을 입으면 ADHD와 마찬가지로 자신의 행동이나 주의집중력, 충동성 등

을 억제하지 못하는 것으로 나타났다. 그리고 안절부절못하고 초조해하며, 감정이 불안정해지고, 충동적이고 공격적인 태도를 보인다고 한다.

그러나 뇌의 다른 부분은 손상을 입어도 이 같은 변화를 보이지 않았다. 그리하여 뇌의 전두엽이 ADHD의 병인으로 깊이 관여하고 있는 것이 확실하다는 결론에 이르게 된 것이다.

한편 두부 외상, 뇌좌상, 뇌졸중, 그 밖의 질환으로 전두엽에 손상을 입은 환자도 그 증상이나 심리 검사 결과를 보면 ADHD와 아주 비슷한 양상을 보인다. 이러한 점도 전두엽 기능부전설을 뒷받침하고 있다. 최근에 뇌파 검사를 이용한 대뇌생리학 연구에서도 전두엽 기능에 이상이 있다는 점이 확인되고 있다.

ⓑ 광범위한 뇌 손상으로 일어나는 자폐증, 고기능자폐증, 아스퍼거증후군

이번에는 자폐증, 고기능자폐증, 아스퍼거증후군의 두부 방사선의학적 연구 결과를 살펴보자.

저기능자폐증과 고기능자폐증 그리고 아스퍼거증후군의 연구 결과를 보면, 이들 사이에는 서로 다른 점들이 많다. 그러나 종합적으로 ADHD와 비교해 보면, 뇌 전체에 걸쳐 장애 부위가 발견되고 있다는 점에서 서로 비슷하다는 것을 알 수 있다.

MRI, PET, SPECT 검사 등을 행한 결과를 보면, 이들은 전두엽, 측두엽, 두정엽 등의 대뇌피질에서 소뇌충부(小腦蟲部), 대뇌기저핵, 대뇌변연계(해마, 편도체), 시상 등에 이상이 있는 것으로 나타났다.

자폐증이 광범성 발달장애라 불리며 언어, 사회성, 운동, 감정이나 충동성, 행동 조절 능력, 인지 능력 등에 폭넓게 장애를 보이는 것도 이

처럼 뇌가 넓은 범위에 걸쳐 발육과 발달에 문제를 나타내고 있기 때문이다.

최근에 들어와 특히 주목받고 있는 것이 뇌의 전두엽과 기저핵과 소뇌 신경계의 연결이다. 이 부분은 운동은 물론이고 인지 능력과 언어능력에서도 매우 중요한 역할을 하고 있는데, 자폐증인 경우에는 이 세 부분의 뇌 조직이 잘 연결되어 있지 않은 것으로 추측된다.

뇌의 전전두엽, 측두엽, 대뇌변연계는 사회적 지능 또는 공감하는 능력과 관계있는 영역이라고 한다. 그런데 자폐증의 경우에는 이들 부위에 장애가 있는 것으로 밝혀지고 있다. 또 예외 없이 소뇌충부가 위축되어 있다는 점도 모든 MRI 연구 결과에 공통적으로 나타나고 있다.

❷ 생화학적 연구 결과 _ 뇌내 신경전달물질인 '모노아민'의 부족

ADHD나 자폐증의 경우에는 뇌내 신경전달물질인 모노아민(도파민, 노르아드레날린, 세로토닌 등)이 부족한 대사 이상 증상을 보이는 것으로 알려졌다.

ADHD 연구의 권위자인 러셀 버클리(Russell A. Barkley, 뉴욕 주립대학 정신과 교수) 등은 그 근거로 다음 네 가지를 들고 있다.

ⓐ 도파민이나 노르아드레날린에 작용하는 중추자극제인 메틸페니데이트[Methylphenidate, 상품명은 콘서타(Concerta) 또는 리탈린(Ritalin)]가 ADHD의 행동을 개선한다.

ⓑ 동물 실험에서 메틸페니데이트는 도파민이나 노르아드레날린을 증가시킨다.

ⓒ 동물 실험에서, 어렸을 때 도파민 경로를 파괴하면 성장하면서 과
잉행동을 보이며, 다시 메틸페니데이트를 투여하면 과잉행동이
사라진다.
ⓓ ADHD인 아동은 도파민 농도가 낮게 나타난다.

　실제로 ADHD인 경우에는 도파민 신경계의 이상이 전두엽에서 기
저핵에 이르는 부분에 나타나고 있다. 그리고 ADHD 치료에 효과를
보이는 메틸페니데이트가 주로 이 부위에 작용한다.
　또 자폐증의 경우에는 도파민 신경계뿐만 아니라 노르아드레날린
신경계나 세로토닌 신경계에서도 이상이 나타나며, 장애 부위도 전두
엽에서 기저핵에 이르는 부분만이 아니라 대뇌와 소뇌의 여러 영역에
걸쳐 있다. 자폐증 발달장애의 증상이 다방면에 걸쳐서 나타나는 것도
바로 이 때문이다.

3 발달장애를 악화시키는 심리사회적 요인 _ 부모의 방치나 학대 또는 불안정한 생활

발달장애는 일차적으로는 물론 뇌의 기능장애가 원인이 되어 발생한
다. 그러나 심리사회적 요인 때문에 더 악화되기도 하고, 이차 장애나
합병증을 일으키는 경우도 많다.
　대표적인 사회심리적 요인으로 다음과 같은 네 가지를 들 수 있다.

❶ 부모의 방치와 학대 _ 차우셰스쿠의 아이들

유아기에 부모에게 학대나 방치를 당한 아이들은 '피학대아증후군(被

虐待兒症候群 : 학대에 저항하는 의욕을 잃고 감수하는 상태)'을 보이는 경우가 많다. 또 사춘기가 지나도록 감정이나 사회성이 제대로 발달되지 못해 해리성동일성장애나 우울증, 섭식장애, 인격장애, 성적 비행, 반사회적 행동, 다양한 의존증, 기벽행동 등의 정신장애를 나타내는 것으로 밝혀졌다. 인간이 학대와 같은 강한 심적 외상을 입으면, 거기에서 벗어나려고 노력하다가 자기동일성이 손상되는 일이 일어나기도 한다. 이때 한 인간 안에 2개 이상의 동일성 또는 인격이 자리를 바꿔가며 나타나게 되는데, 이러한 정신질환을 해리성동일성장애라고 한다. 이 장애는 아동학대 경험자 사이에서 극히 높은 비율로 나타나고 있다.

최근 들어 '복잡형 외상후스트레스장애'로 이러한 증상이 주목을 받고 있다. 일반적으로 외상후스트레스장애는 전쟁이나 재해, 범죄 피해와 같은 심적 외상을 경험한 후에 플래시백, 무기력, 수면장애 같은 증상을 보이는 것을 말한다. 그러나 이에 비해 복잡형 외상후스트레스장애는 유아기부터 받아 온 학대나 방치가 주요 원인이며, 그 이후로 인격 발달이 심각하게 왜곡된 형태를 보이거나 다양한 정신장애를 일으키는 것을 가리킨다.

아동정신과 의사인 스기야마 도시로는 최근에 '제4의 발달장애'라는 용어를 내놓았다. 이는 유아기에 심한 학대나 방치를 당함으로써 사회성 발달에 장애를 보이고 자폐증과 유사한 증상을 보이는 경우를 가리킨다.

이러한 사례를 여실히 증명하고 있는 것이 루마니아의 '차우셰스쿠의 아이들'이다. 차우셰스쿠 집권 당시 루마니아 정부는 노동력 증강을 목표로 피임과 낙태를 금지하고 모든 여성에게 4명 이상의 아이를 낳을 것을 강요하였다. 그러나 권력의 자리에 있던 차우셰스쿠가 축출되어 처형당하고 공산당 정권이 붕괴되자 상황이 달라졌다. 식료품 배급이 중단되었고, 가난에 쫓겨 아이들 양육을 포기하는 부모가 속출하기 시작했다. 그리하여 길거리에는 부모에게 버림받은 아이들이 넘쳐나기 시작했다.

이 아이들이 바로 '차우셰스쿠의 아이들'이다. 아이들은 비바람과 추위를 피해 맨홀 밑에 들어가 정착하기 시작했다. 그리고 살기 위해서 아동 매춘이나 장기 제공, 인신매매 같은 어두운 세계로 휩쓸려 들어갔으며, 대부분이 비참한 운명의 길을 피해 가지 못했다.

'차우셰스쿠의 아이들' 가운데 영국이나 캐나다의 양부모 밑에서 자란 아이들을 대상으로 추적 조사를 한 것이 있다. 이에 따르면, 모두 165개 사례 가운데 21개 사례(12.7%)가 그 후 자폐 증상(광범성 발달장애) 진단을 받은 것으로 나타났다. 일본의 경우 자폐증 발병률이 150명 중 1명(0.7%) 정도이니, 이것이 얼마나 높은 수치인지 알 수 있을 것이다.

또 이들의 뇌 MRI 검사 소견을 조사한 결과, 대뇌변연계(해마와 편도체)가 위축되어 있었다. 더 놀라운 것은 위축 정도가 부모에게 버림받은 기간이 길수록 뚜렷했다는 점이다.

이 연구 결과는 세계의 정신과 의사들에게 큰 충격을 던져 주었다. 왜냐하면 분명한 생물학적(뇌의) 요인이 없어도 부모의 학대나 극심한 방치를 당하면 그것만으로도 자폐증이 발생하며, 게다가 뇌의 위축까지 발생한다는 사실이 밝혀졌기 때문이다.

내가 연구한 성인ADHD의 80개 사례를 보면, 자녀가 있는 51개 사례 가운데 25개 사례(49.0%)가 아이에게 신체적 폭력이나 방치를 가한 것으로 나타났다. 또 앞에서 소개한 스기야마 도시로의 연구에 따르면, 학대 받은 아동 575명 가운데 54퍼센트가 발달장애를 보인 것으로 나타났다.

이런 경우에 발달장애가 있어서 학대나 방치를 당하기 쉬운 것인지 아니면 학대나 방치를 당했기 때문에 발달장애가 되는 것인지는, 마치 '닭과 달걀 논쟁'처럼 결론을 내기 어려운 문제이다. 그러나 발달장애든 학대와 방치든, 모두 다 대뇌변연계(특히 해마)의 위축을 일으킬 수 있으므로, 양쪽 다 가능성이 있을 것으로 생각된다.

❷ 수면각성주기의 혼란 _ 2세 아동의 59퍼센트가 10시 이후에 잔다
앞에서도 이야기했지만, ADHD나 자폐증은 수면각성주기가 불안정해지기 쉽고 낮에 졸음을 참지 못하는 주간졸림증을 보이는 경우가 많은 것이 특징이다.

간밤의 수면 시간이 평소보다 많이 부족하면, 다음날 과잉행동을 보이거나 충동성이 심해진다. 또 평소보다 더 안절부절못하고 기분이 나쁘며, 쉽게 공황 상태에 빠지기도 한다.

수면각성주기의 불안정함은 생활 습관과 밀접한 관계가 있다.

일본에서는 라이프스타일의 변화로 사람들의 생활 습관이 야간형으로 변했다는 이야기가 나온 지 오래되었다. NHK 방송문화연구소가 펴낸 〈2005년 국민 생활시간 조사보고서〉를 보면 그런 사실을 분명하게 알 수 있다.

이 보고서에 따르면, 국민의 반 이상이 요일과 상관없이 오후 11시 이후에 자는 것으로 나타났다. 그 결과, 1960년대에는 8시간 이상이던

수면 시간이 지금은 1시간 가까이 줄어들게 된 것이다.

어른들의 생활 리듬 변화는 당연히 아이들에게도 영향을 미친다. 일본 소아보건협회가 펴낸 〈2000년도 유아 건강 조사보고서〉에 따르면, 오후 10시 이후에 잠자리에 드는 아동의 비율이 1980년, 1990년, 2000년으로 가면서 다음과 같이 크게 증가하는 변화를 보였다.

- 1세 6개월 : 25% → 38% → 55%
- 2세 : 29% → 41% → 59%
- 3세 : 22% → 36% → 52%
- 4세 : 13% → 23% → 39%
- 5~6세 : 10% → 17% → 40%

어른의 생활 리듬에 맞춰 아이들의 생활 리듬도 해마다 급격히 야간형으로 바뀌고 있다는 것을 알 수 있다.

최근의 수면의학 연구에 따르면, 아이들의 성장과 발달에 필수적인 세로토닌, 멜라토닌, 성장호르몬, 코르티솔 등이 논렘 수면기에 대량으로 분비된다는 사실이 밝혀졌다. 수면 시간이 충분하지 않으면 이런 물질 분비에 나쁜 영향을 미쳐 성장과 발달이 저해될 염려가 있는 것이다.

건강한 아이보다 수면 효율이 떨어지는 발달장애아라면, 문제행동이 악화될 가능성이 당연히 더 크다. 그러니만큼 밤에 수면 부족이 되지 않도록 더더욱 조심해야 할 것이다.

❸ 게임과 인터넷을 장시간 계속하면 뇌의 기능이 떨어진다

최근에 일본 소아과학회는, 건강한 정상 아동이라도 유아기와 아동기에 장시간 텔레비전이나 비디오를 보면 사회성이 늦게 발달하고 언어 능력, 인지 능력, 주의집중 능력이 떨어진다는 연구 결과를 계속 내놓고 있다.

예를 들어 히타치 가정교육연구소의 쓰치야 미치코에 따르면, 하루에 4시간 이상 텔레비전을 보는 아이는 그렇지 않은 아이에 비해서 다음과 같은 경향을 보인다고 한다.

- 갑자기 성질을 부린다.
- 말을 걸어도 시선을 맞추지 않는다.
- 친구와 함께 놀지 않는다.
- 재잘재잘 떠들지 않으며, 정서 또는 의사소통에 문제를 잘 일으킨다.

또 발달장애가 있는 경우(특히 ADHD나 아스퍼거증후군)에는 인터넷이나 게임 등에 빠지기 쉬우며, 자는 것도 잊어버릴 정도로 몰두하는 경향이 강하다. 부등교에서 은둔형외톨이, 나아가 니트족 상태에 있는 사람들은 거의 예외 없이 인터넷이나 게임 의존증을 나타내고 있다.

이들이 의존증에 쉽게 빠지는 것은 기본적으로 뇌의 기능장애 때문에 자기 자신을 조절하는 능력이 부족하고, 감정이 불안정하며, 신기한 것을 추구하는 경향이 있고, 대인기술이 미숙하기 때문이다. 이 외에도 정신과 의사인 오코노기 게이고는 의존증과 관련하여 다음과 같은 다섯 가지 심리적 메커니즘을 지적하였다.

ⓐ 현실 속에서는 자기평가 수준이 낮아도, 인터넷 세계에서는 익명
  으로 다른 인격체 노릇을 할 수 있다.
ⓑ 인터넷에서 얻는 막대한 정보를 통해 무한한 지적 호기심을 만족
  시킬 수 있고, 뭐든지 할 수 있다는 어떤 전능감 같은 것을 느낄
  수 있다.
ⓒ 자신이 상처받는 일 없이 상대에게 순수하게 마음을 전할 수 있다.
ⓓ 자신의 과거를 모르는 새로운 친구들과 함께 친밀한 일체감을 나
  눌 수 있다.
ⓔ 현실의 인간 사회와 달리 의무나 책임이 뒤따르지 않으므로 싫으
  면 언제든지 그만둘 수 있다.

이런 의존증은 수면장애를 조장할 뿐만 아니라 이차 장애나 합병증
을 일으킬 위험도 크다. 예를 들면 뇌의 기능 저하가 그것이다.

일본대학 문리학부 교수인 모리 아키오가 미국 신경학회에 발표한
바에 따르면, 초등학생 때부터 하루에 2~7시간씩 게임에 몰두해 온 대
학생 10명의 뇌파를 조사해 보았더니, 인지증과 마찬가지로 α파가 β파
보다 우세한 것으로 나타났다고 한다. 보통 건강한 성인이라면 β파가 α
파보다 우세하다. 다시 말해서 α파가 우세하다는 것은 뇌가 이상한 '게
임뇌'가 되었다는 것을 시사한다는 것이다.

모리 아키오는 '게임뇌'의 특징으로 주의가 산만하고 건망증이 심하
다는 점, 사고력과 판단력이 부족하고 자기중심적이라는 점, 이성이나

수치심이 결여되어 있다는 점, 욱하는 성질이 있고 폭력적이라는 점, 무기력해지거나 무관심해지기 쉽다는 점, 언어로 의사소통하는 능력이 모자라고 창조성이나 학습능력이 떨어진다는 점 등을 들고 있다.

이런 증상은 ADHD나 아스퍼거증후군의 증상과도 비슷한데, 양쪽의 공통점은 대뇌 전두엽의 기능이 저하되어 있다는 점이다. 원질환으로 발달장애를 갖고 있지 않은데도 전두엽이 기능 저하에 빠질 수 있다는 것은 참으로 보통 문제가 아니다.

본래 발달장애가 있는 사람은 보통 사람보다 텔레비전이나 비디오, 게임 같은 기계적 대상에 집착을 보이고 잘 빠져들지만, 그것이 수면장애로 그치는 것이 아니라는 데에 주의해야 한다. 뇌가 게임뇌로 변하고 이로 인해 뇌 기능이 떨어진다면 사태는 더욱더 심각해질 것이다.

❹ 발달장애를 악화시키는 식습관 _ 음식 알레르기, 식품첨가물, 저혈당

소아과 의사인 우에무라 기쿠로의 고전적인 연구에서도 학습장애를 동반한 ADHD 아동들은 아토피성 피부염, 기관지천식, 알레르기성 비염 등으로 진단받는 비율이 높다는 것을 인정하고 있다.

또 미국의 소아 알레르기 전문가인 벤 파인골드(Ben F. Feingold) 등은 일찍이 살리실산염(salicylates)과 식품첨가물(특히 인공착색료)이 일부 아동에게 과잉행동증후군(침착성이 없고 안절부절못하거나 조급함을 보이며 쉽게 성질을 내는 경향 또는 멍한 채로 의욕이 없는 무기력 상태 등)을 일으키며, 여기에 유전적 요인이 영향을 미친다는 가설을 내놓았다. 이들의 연구 결과에 따르면, 이러한 첨가물이 들어 있지 않은 음식을 먹도록 했을 때 50~75퍼센트가 유효한 반응을 보였다고 한다. 그러

나 그 이후의 추시연구에서 또 다른 결과가 나와 차츰 그 가설의 의미가 퇴색되었다.

그런데 최근에 의학박사인 미즈카미 오사무가 내놓은 견해에 따르면, 어떤 식품첨가물을 섭취하거나 비타민 B군(B_1, B_2, B_3, B_6 등)과 무기질(특히 아연, 마그네슘, 칼슘, 칼륨 등)이 결핍되면 간뿐만 아니라 중추신경계의 발달이 저해되어 행동 이상(주의력 결핍, 과잉행동, 충동성, 공격성 등)이 악화된다고 한다.

확실히 내 경험으로도 식습관에 문제가 있거나 가공식품(식품첨가물)을 지나치게 섭취하는 경우에는 그것이 발달장애를 악화시키는 하나의 요인이 되는 것으로 생각된다. 그렇기 때문에 환자들을 진료할 때 식습관이 크게 안 좋은 경우에는 약물요법과 함께 식사요법도 권장하고 있다.

또 최근에는 아침식사를 거르는 폐해가 많이 지적되고 있다.

수면각성주기가 불안정한 사람은 아침식사를 거르는 경우가 많다. 혈당치가 낮은 상태에서 과자나 달콤한 주스 등을 급히 먹으면 당분 대사를 촉진하는 인슐린이 때맞춰 빨리 공급되지 못해 고혈당 상태(급성 당뇨병)가 되어 버린다. 이것을 페트병증후군(청량음료 케토시스)이라 부르는데, 이로써 사망에 이르는 사례도 보고되고 있다.

그런데 이때 급격한 고혈당 상태에 반응해 인슐린이 과잉 분비됨으로써 저혈당(반응성 저혈당증)이 된 경우, ADHD와 비슷한 과잉행동 증후군을 악화시키는 것으로 알려졌다.

ADHD라는 진단을 받지는 않았지만 쉽게 화를 내고 차분하지 못한 행동을 보이는 아이들이 최근에 많이 늘어나고 있는데, 반응성 저혈당증이 하나의 원인일 수도 있다고 보고 있다.

여기까지 심리사회적 요인을 간략하게 살펴보았다. 최근에 경도 발달장애가 증가하고 있는데, 그 배경에는 이러한 심리사회적 요인이 복합적으로 얽혀 있는 것이 아닐까 생각된다. 한창 커 가는 아이들에게 건강한 환경을 제공하는 것이 바로 어른들의 책임일 것이다.

제5장

어른의
발달장애는
나을 수 있다

발달장애는
어떻게 치료하는가

발달장애가 있는 사람은 배우자나 가족, 회사의 상사나 동료, 친구 등에게 흔히 '갈등 제조기' 취급을 받는다. 그 원인은 대부분 다음과 같다.

① 발달장애가 있다는 것을 본인이나 주변 사람들 모두 모르고 있다.
② 그 결과, 적절한 치료를 받지 않고 있다.
③ 주변에서도 적절한 지원과 도움을 주지 못하고 있다.

발달장애는 치료할 수 있다. 이미 어른이 되었어도 치료를 시작하기에 때늦은 경우는 없다. 발달장애를 치료하는 데 필요한 것은 우선 그것을 깨닫고 인정하고 받아들이는 것, 그 다음에 적절한 치료를 받는 것 그리고 주변에서 적절한 지원과 도움을 주는 것이다.

이 세 가지가 조화롭게 진행될 때, 비로소 본인의 괴로움과 주변 사람들의 고민이 해소(또는 크게 경감)될 것이다.

일반적으로 발달장애 치료는 다음과 같은 과정을 중심으로 진행된다.

① 심리 교육과 환경조정요법
② 심리요법
③ 인지행동요법
④ 자조 그룹 참가
⑤ 약물요법

내 경험으로는 본인이 발달장애라는 것을 인정하고(인지) 받아들이면(수용), 심리요법(상담)도 유효하고 자조 그룹도 크게 마음의 의지가 된다. 또 약물요법이 상당히 유효하다고 단언할 수 있다.

제5장에서는 우선 발달장애의 치료 방법을 설명하고, 이어서 주변의 대응 방식을 소개하기로 한다.

어른의 발달장애를 치료하는 데에 무엇보다 중요한 것은 본인의 깨달음과 주변의 이해이다. 이것을 확실하게 하는 작업을 '심리 교육'이라고 부르며, 최근에는 이 작업을 모든 정신질환 치료에서 중요시하고 있다.

그러나 실제 문제로 들어가면 이것이 가장 곤란하고 어렵다. 그리하여 마지막까지도 자신이 발달장애라는 것을 인정하지 못하고 받아들이기를 거부하는 사람이 적지 않다. 주변 사람들이 자신의 발달장애 때문에 어려움을 겪고 있는데도 본인이 완강하게 인정하려 들지 않는 것이다.

이것은 이들이 자신의 모습을 객관적으로 관찰할 수 없기 때문이기도 하지만, 또 한 가지 이유는 사춘기와 청년기를 지나면서 동반된 우울증 같은 정신질환에 가려져 원질환인 발달장애를 알아차리기 어렵게 되었기 때문이기도 하다.

심리 교육과 환경조정요법

발달장애인은 거의 대부분 자신이 갖고 있는 갖가지 문제행동이나 정신질환을 자신의 성격이나 노력 부족, 가정환경이나 트라우마 탓이라고 생각한다. 처음부터 뇌에 기능장애가 있었고 그것이 원인이 되어 일어났다는 쪽으로는 전혀 생각하지 못한다.

그렇기 때문에 이들은 자신은 어차피 안 되는 인간이라며 자기를 낮게 평가하고 낮은 자존감을 보이는 경우가 많다. "내가 이렇게 된 것은 부모 때문이다." 또는 "나를 따돌리고 놀리던 그 애들 때문이다." 하며 주변 사람들에게 분노와 증오심을 나타내는 경향도 크다. 그리하여 주변과 갈등이 더 심해지고 이차 장애 또는 합병증을 일으키는 악순환에 빠지면서 문제가 한층 심각해진다.

그렇기 때문에 어른의 발달장애를 치료할 때는 맨 처음 대면했을 때 "당신이 안고 있는 문제는 당신의 성격이나 가정환경 등이 원인이 되어 일어난 것이 아니라, 처음부터 뇌가 균형 있게 발달하지 못했기 때문에 그것이 원인이 되어 일어난 것이다. 그러니까 마음의 문제가 아니라 뇌의 문제이며, 적절히 상담을 받고 약을 복용하면 분명히 좋아진다." 하는 이야기를 알기 쉽게 설명해 주고 이해하도록 하는 것이 굉장히 중요하다.

　나는 발달장애인을 진료하면서, 이렇게 해서 정확한 진단을 받고 자신이 안고 있는 문제의 원인을 대부분 깨닫고 그에 알맞은 치료법을 이해하도록 하고 있다. 그렇게 함으로써 이들도 대부분 "마음이 편해졌다. 지금까지 나 자신을 부정해 왔는데, 이제부터는 긍정적으로 보고 적극적으로 문제를 극복해 나가겠다."라는 이야기를 하고 있다.

　물론 사실을 알고 나서 일시적으로 마음이 무거워지는 경우도 있을 수 있다. 그러나 자신의 문제를 깨닫고 사고방식이나 행동 습관이 잘못된 원인을 바르게 이해함으로써, 이후의 인생을 긍정적으로 받아들이고 살아갈 수 있게 되는 것이다.

　또 발달장애라는 진단을 받는 것은 본인뿐만이 아니라 배우자나 가족, 직장 상사나 동료 같은 주변 사람들에게도 크게 도움이 된다.

　지금까지 "성격이 안 좋아. 게으름만 부리고 뭔가 할 생각이 없다니까."라고만 생각했던 상대가 실은 성격 때문이 아니라 뇌에 문제가 있다는 것을 알게 되는 것이다. 나중에 설명하겠지만, 주변 사람들이 이들에게 적절하게 대응했더라면 상황이 크게 개선될 수도 있었을 테고 또 불필요한 스트레스를 받지 않아도 좋았으리라는 것도 알게 되는 것이다. 그리하여 결과적으로 주변 사람들도 본인을 있는 그대로 받아들이는 등, 인간관계가 호전된다.

　이어서 치료하는 데에 중요한 핵심이 되는 요소를 알아보기로 하자.

1 진단 결과를 받아들이고, 도와줄 수 있는 조력자를 구한다
우선 무엇보다 중요한 것은 발달장애라고 확실하게 진단을 받는 것과 도움을 줄 수 있는 조력자를 만나는 것이다.

본인의 고립감, 소외감, 마음의 불안정, 절망, 무력감 등을 덜고 우울증, 의존증, 불안장애 등의 합병증을 예방하는 데에는 이것이 가장 중요하고 또 효과적이다. 비록 합병증이 있더라도 좋은 조력자의 도움을 받으면 치료 효과가 커진다.

내 임상 경험을 보아도, 배우자 등의 도움을 받을 수 있는지 없는지에 따라 증상이 개선되는 정도가 크게 다른 것으로 나타났다. 어른의 발달장애에 우울증이 동반된 경우, 일반적으로 여성 쪽이 남성보다 치료하기가 어렵다. 여성이 남편과 가족의 이해와 도움을 얻기가 어렵기 때문이다.

이런 경향은 다른 정신질환의 경우에도 마찬가지이다. 예를 들어 알코올의존증의 경우에 남성은 아내나 친구, 직장 선배, 동료 등의 도움을 받기도 쉽고 치료하기도 쉽다. 그러나 여성의 경우에는 도움을 받기가 어려워 치료 후에도 경과가 나쁘고 사망에 이르는 경우도 적지 않다.

주변의 이해와 도움을 얻는 데는, 우선 전문의의 힘을 빌려 정확한 진단을 받고 가능한 한 객관적이고 편향되지 않은 과학적 설명을 듣는 것이 매우 중요하다. 정신과 의사들 사이에는 '100번의 심리요법보다 1번의 진단'이라는 말이 있다. 그만큼 정확한 진단이 중요하다는 뜻이다.

2 자신이 잘하는 것과 못하는 것을 잘 알고 주위의 도움을 구한다

발달장애는 내가 '발달불균형증후군'이라는 이름을 붙인 것처럼, 잘하는 것과 못하는 것의 영역이 심하게 불균형한 상태를 보인다. 특히 아스퍼거증후군의 경우에 이런 경향이 더욱 두드러진다.

발달장애를 치료하는 데에는, 본인이 스스로 무엇을 못하는지를 깨달아 주변의 이해를 구하고 역할 분담을 하는 것이 매우 중요하다. 장점과 단점, 잘하는 것과 못하는 것의 목록을 만들어 분담하는 것이다. 《정리할 줄 모르는 여자들》을 쓴 새리 솔든은 이것을 '다시보기 회의'라고 부르고 있다.

일반적으로 발달장애가 있는 사람에게 부족한 부분은 다음과 같다.

① 대인기술, 타인과의 협조성, 적절한 대화 같은 사회성
② 감정 또는 충동성의 자기 조절
③ 돈, 시간, 식사, 수면과 같은 일상생활이나 생활양식 관리

이에 반해 특별히 잘하는 것에는 다음과 같은 것들이 있다.

① 컴퓨터, 정보기기, 기계류 등의 조작
② 도예, 미술, 음악 등의 창작 능력
③ 어떤 전문 분야의 기능

주변에서 이와 같이 잘하는 것과 못하는 것을 가려서 도움을 줄 수 있다면, 그것이 가장 이상적일 것이다.

그러나 현실을 보면, 대개 전문의의 진단을 받기 전에 이미 배우자나 가족과의 관계가 악화되어 있고, 직장에서도 실수가 많아 낮은 평가를 받고 있는 경우가 많다. 그렇기 때문에 좀처럼 도움을 받기 어려운 것이 사실이다. 아무런 이해도 얻지 못하고 치료도 받지 못한 채 이혼이

나 이직에 이르는 사례가 많다.

거듭 이야기하지만, 이러한 비극을 피하려면 하루빨리 전문의의 힘을 빌려 정확한 진단을 받아야 한다. 그리고 자신이 안고 있는 문제의 가장 큰 원인을 깨닫고, 그에 알맞은 치료법을 이해해야 한다. 그것이 주변의 이해와 도움을 얻는 첫걸음이다.

3 일상생활 속에서 실천할 수 있는 작은 일들

발달장애가 있는 사람은 무엇을 해도 잘 안 풀리는 인생을 살아오면서 몹시 지쳐 있는 경우가 많다. 그러나 그 문제의 원인을 이해하고 본인이 무엇을 잘하고 못하는지를 파악한 다음에 주변의 이해와 도움을 얻을 수만 있다면, 일상생활 속의 작은 일들을 실천에 옮김으로써 문제의 대부분을 크게 줄이거나 해소할 수가 있다.

여기서는 작은 실천에 해당하는 아홉 가지 방법을 소개하고자 한다.

❶ 먼저 해야 할 일을 한다 _ 목록을 만들고 일의 앞뒤 순서에 맞춰 생각한다

자기가 해야 할 일은 책임을 지고 한다. 이것이 직장 동료나 배우자, 가족, 친구 등과 넓은 인간관계를 쌓아 가며 행복한 인생을 살아가는 첫 번째 조건이다. 주어진 책임을 다하지 못하면 주변의 신뢰를 얻을 수 없기 때문이다.

그러나 발달장애가 있는 사람은 매사를 순서에 맞게 조리 있게 생각하는 능력이 부족하다. 그래서 보통 사람이라면 당연히 할 수 있는 일, 즉 '우선순위에 따라 정리하는 것'을 할 줄 모른다. 약속한 기한까지 일을 끝내지 못하는 경우가 많은 것도 이 때문이다.

이런 문제를 해결할 수 있도록 다음과 같은 방법을 실천해 보자.

ⓐ 날짜별, 주별, 월별로 한눈에 알아볼 수 있도록 일정을 정리한다.

ⓑ 마감 날짜부터 거꾸로 계산하여 우선순위가 높은 일부터 차례대로 시작한다.

ⓒ 너무 바쁘다고 생각되면, 일의 필요성 자체를 다시 검토하고 간단하게 줄인다.

우선 집안일이든 회사일이든 '해야 할 일 목록'을 만들어 보자. 그 날 해야 할 일, 그 주에 해야 할 일, 그 달에 해야 할 일을 종이에 적어 눈에 잘 띄는 곳에 붙여 놓는다. 그런 다음에 마감 날짜부터 거꾸로 계산하여 무엇부터 먼저 해야 하는지 잘 생각한다.

◎는 최우선 사항으로 바로 해야 하는 것, ○는 오늘 안에 해야 하는 것, △는 며칠 안에 해야 하는 것, ✕는 잘 생각해 보니 안 해도 되는 것과 같이 표시를 하여, 해야 할 일과 우선순위를 한눈에 알 수 있도록 한다. 그리고 다 끝마친 일은 √ 표시를 하는 식으로 지워 나간다.

이것을 '시각적 구조화'라고 하는데, 발달장애 치료에 굉장히 효과가 있다. 이런 방법을 반복하는 것만으로도 매사를 앞뒤 순서에 맞춰 생각하는 습관이 길러져, 깜빡 잊어버리는 실수를 줄일 수가 있다.

또 생각보다 일이 잘 진척되지 않을 때는 일에 불필요한 부분이 있는 것이 아닌지 다시 검토하는 것이 효과적이다. 하지 않아도 되는 일은 생략하거나 더 간단히 끝낼 수 있도록 작업 방식을 바꾸는 것도 좋다. 서류 양식을 바꾸거나 여러 단계를 도장 하나로 끝내도록 하는 것도 하나의 예가 될 수 있을 것이다.

❷ 자기만의 시간과 장소를 만든다 _ '정리하는 시간'이 필요하다
발달장애가 있는 사람은 배우자, 가족, 친구 같이 아무리 가까운 사람과 함께 살고 있더라도 혼자 자기 자신으로 돌아가는 시간이 절대적으로 필요하다.

정서를 안정시키는 것은 물론이고 흥분하거나 공황 상태가 되는 것을 예방할 수 있기 때문이다. 이 점은《어른의 ADHD*Adult ADD: The Complete Handbook*》의 저자인 데이비드 서더스(David B. Sudderth) 도 그 필요성을 역설하고 있다.

혼자만의 시간은 이들에게 마음이 평온해지는 시간이다. 다른 사람의 눈에는 별로 의미도 없는 취미생활에 몰두하고 있는 듯이 보일 수도 있다. 그러나 본인에게는 그런 시간이 무엇보다도 소중한 마음의 안정제가 된다. 그렇기 때문에 발달장애가 있는 사람에게는 조용히 혼자가 되어 '정리'를 할 수 있는 시간과 장소가 반드시 필요하다. 뿐만 아니라 자기만의 시간과 공간을 갖게 되면, 자신이 해야 할 일을 차분히 생각하고 우선순위를 정해 계획적으로 실행하는 데에도 큰 도움이 된다.

이것은 결혼한 여성의 경우에 특히 중요하다. 기혼 여성은 이런저런 집안일과 자질구레한 일에 쫓겨 자신만의 시간을 거의 갖지 못하고 있다. 일하는 여성의 경우에는 더욱 그러하다. 그중에는 해야 할 일이 너무나 많아서 잠자는 시간을 줄일 수밖에 없는 사람도 있다.

뿐만 아니라 여성은 집 안에서나 밖에서나 자기만의 공간을 갖기가 어렵다. 남성은 혼자서 조용히 한잔 마시러 갈 수도 있을 테고, 집 안에

자기 서재가 있는 경우도 있을 것이다. 그러나 여성은 좀처럼 그런 환경을 만들기가 어렵다.

그래서 혼자 조용히 있을 수 있는 시간이나 장소가 없다. 바로 이것이 여성들의 평화로운 마음을 망가뜨려 더더욱 '정리정돈을 못하는 여자'로 만들어 버리는 것이다.

발달장애가 있는 사람은 매우 불안정하고 걱정이 많다. 그래서 자신이 한 말과 행동을 소소하게 후회하거나 쓸데없이 앞일을 걱정하는 경향이 있다. 그러나 자기만의 시간과 장소를 갖게 되면, 마음의 평온함도 되찾고 모든 일을 냉정하고 객관적으로 생각할 수 있을 것이다.

❸ 편리한 것은 무엇이든지 활용한다 _ 첨단기기를 활용해 집안일의 부담을 줄인다

발달장애가 있는 사람은 매사를 척척 요령 있게 해치울 줄을 모른다. 그래서 해야 할 일을 제대로 정리하지 못하고, 이것도 하고 저것도 하다가 중요한 것을 잊어버리기도 한다. 이런 문제를 해결하는 데에 휴대전화를 비롯한 첨단기기를 활용해 볼 것을 권한다.

예를 들면 휴대전화에는 통화하거나 메시지를 주고받는 기능 외에도 알람, 일정표, 메모장, 전자계산기, 카메라, 음성 녹음 등의 편리한 기능이 매우 많다.

이것을 활용하면 중요한 일을 잊지 않도록 일정표에 알람을 설정해 놓을 수도 있고, 잊어버리면 안 되는 것을 메모하거나 사진, 동화상, 음성 등으로 기록해 둘 수도 있다. 휴대전화는 수첩을 꺼내서 펼쳐보는 것보다 간단하고 편리하다는 이점도 있다.

집안일을 할 때도 마찬가지다. 발달장애가 있는 사람에게는 식사 후 설거지나 빨래를 널고 개는 일 등이 엄청나게 귀찮고 시간이 오래 걸리는 작업이다. 그러므로 식기세척기나 건조 기능이 딸린 세탁기를 사용하면 그런 작업이 크게 편해질 것이고, 시간도 절약될 것이다. 이처럼 좀 더 요령 있게 집안일을 하게 되면서 그만큼 마음의 여유도 생길 것이다.

다만 한 가지 주의해야 할 것이 있다. ADHD나 아스퍼거증후군인 사람은 보통 사람보다 기계류를 좋아하기 때문에 거기에 빠져들 염려가 있다는 점이다. 휴대전화 같은 데에 폭 빠져서 정작 중요한 일이나 집안일을 등한시한다면, 그야말로 본말전도라 하겠다. 편리한 첨단기기를 활용할 때에는 이러한 점에 충분히 주의를 기울여야 할 것이다.

❹ 사교적인 장소에서는 이렇게 행동한다 _ 약간의 요령으로 약점을 보완하는 법

발달장애가 있는 사람은 많은 사람들이 모이는 파티 같은 데서 자유롭게 대화를 나누며 즐기는 데 매우 서투르다. 일대일이라면 이야기를 나눌 수 있겠지만, 여러 사람이 모이는 회합이나 연회 같은 자리가 되면 상황이 다르다. 뇌의 정보 필터 기능이 약하기 때문에 주의가 산만해지고 대화에 집중하기 어려워지는 것이다. 게다가 마음도 점점 불안하고 초조해져서 더더욱 차분하게 이야기를 나눌 수 없게 된다.

한편 이들은 자기가 하고 싶은 이야기만 하고 상대방의 말을 듣지 않는다. 그리고 조심성 없는 말로 다른 사람에게 상처를 주고, 그러다가 혼자 입을 다물고 고립되어 버리기도 한다. 매사가 이런 식이니, 마음은 정말 열심히 일에 매진하고자 했어도 결국 직장에서 받는 평가는 낮게 나타난다.

이와 같은 약점을 극복할 수 있는 방법을 소개하고자 한다. 배우자와 상담사의 도움을 받아 다음과 같은 습관을 들이도록 노력하면 많이 도움이 될 것이다.

- 가능한 한 붙임성 있게 행동하고 웃는 얼굴로 사람들을 대한다.
- 자기주장을 삼가고, 반대로 듣는 입장을 고수한다.
- 상대방에게 맞장구를 쳐주도록 노력한다.
- 상대방의 장점을 찾아내 칭찬해주는 사람이 되도록 노력한다.
- 공황 상태가 될 것 같은 예감이 들면 조용히 구석으로 자리를 옮겨 마음을 '진정'시킨다.

또 인간관계에서 오해가 생길 것이 예상되는 경우에는 미리 "제가 대화나 인간관계에 미숙해서 혹시라도 불쾌한 인상을 드렸을지도 모르겠습니다. 그러나 결코 나쁜 의도가 있었던 것이 아니고, 저에게 문제가 있어서 그런 것이니 모쪼록 용서해 주시기 바랍니다." 하는 말을 전하는 것도 한 가지 방법이다.

예를 들어 메일을 받았는데 바로 답장을 보내지 않는 경향이 있다면, "메일이나 연락을 받았을 때 답장이 늦어질지도 모르겠습니다." 하는 이야기를 미리 전해 두는 것이 좋다.

❺ 직장의 인간관계를 개선한다 _ 대인기술을 익힌다

발달장애가 있는 사람은 대인기술이 미숙하고 다른 사람과 잘 사귈 줄 모른다. 직장에서도 점심시간이나 퇴근 후에 동료들과 함께하는 시간을 피해 혼자 있는 경우가 많고, 동료들의 대화에도 잘 끼어들지 못한다.

그런가 하면 본래 사람이 좋아서 누가 무엇을 부탁하면 거절할 줄을 모른다. 그래서 종종 자기 능력 이상의 일을 받아 업무가 과중해지기도 한다. 그렇지 않아도 일을 척척 못하는데, 상황이 이쯤 되면 기한 안에 일을 끝내지 못하는 일이 당연히 발생한다.

"못할 것 같으면 처음부터 경솔하게 일을 맡지 말았어야지!" 결국은 동료나 상사한테 이런 소리를 듣는다. 그리고 점점 더 안 좋은 평가를 받게 되고, 본인도 점점 더 자신감을 잃어 간다.

이런 경우에도 마찬가지로 배우자와 상담사의 도움을 받아 다음과 같은 방법을 배워 보자.

- 다른 사람의 부탁을 요령 있게 거절하는 방법
- 자신의 욕구(주장)와 남의 욕구(요구) 사이에서 균형을 유지하는 방법

그리하여 직장에서 필요한 대인기술을 몸에 익히는 것이다. 예를 들어 다른 사람의 부탁을 거절할 때는 "일부러 저를 찾아 주셨는데 죄송합니다. 이런저런 이유가 있어서, 죄송합니다만 좀 어려울 것 같습니다." 하고 확실한 이유를 말하고 나서 거절하는 것이 기본 요령이다. 이유를 말하지 않고 대뜸 "안 되겠는데요." 또는 "어렵겠는데요." 하면 상대방도 순간적으로 기분이 나빠질 수 있다.

또한 무엇인가를 주장할 때는 자기 의견만 일방적으로 말하지 말고, 우선 다른 사람의 의견을 확실하게 잘 듣는다. 그런 다음에 자기주장을

이야기하고, 납득할 수 있는 쪽 의견을 찬성하거나 양쪽 의견의 좋은 점을 맞춰 간다. 이처럼 어느 한쪽으로 치우치지 않는 균형 감각을 잘 살리는 것이 중요하다.

❻ 감정이나 충동을 스스로 조절한다 _ 자각하는 것이 중요

발달장애가 있는 사람은 감정이나 충동성을 스스로 조절하는 능력이 부족하다. 그래서 감정이 폭발해 공황 상태가 되거나, 배우자나 아이들에게 폭언과 폭력을 휘두르는 경우가 많다. 의존증이나 기벽행동에 빠지는 것도 이 때문이다. 여기에 우울증이 겹치면 감정이 더욱 불안정해지고 공격성도 점점 심해진다.

자제심을 기르는 데 가장 효과가 있는 것은 '자신이 발달장애인이라는 것을 자각하는 것'이다. 이것보다 더 좋은 약은 없다.

자신의 결점을 알면 대처하기가 쉽다. 예를 들면 될 수 있는 한 말하는 쪽에서 듣는 쪽으로 역할을 바꿔, 잠깐이라도 침묵을 지키는 습관을 들일 수도 있다. 또 공황 상태에 빠질 것 같으면 조용한 곳으로 자리를 옮김으로써 괴로운 분위기와 잡다한 정보의 소용돌이에서 자연스럽게 벗어날 수도 있다.

그 밖에도 자신의 결점을 앎으로써 주변 사람들의 이해와 협력을 얻을 수 있는 방법을 좀 더 효율적으로 찾을 수도 있을 것이다.

❼ 지나치게 열심히 일하지 않도록 주의한다 _ 열심히 일하는 사람일수록 의존증을 주의해야 한다

발달장애인 중에는 지나치게 일을 많이 하는 사람, 일중독자가 적지 않다고 전문가들이 지적한다.

이들은 주의력 등이 부족하기 때문에 일을 못하는 사람으로 여겨지는 경우가 많다. 한편으로 어떤 전문 영역에서는, 성취감과 성공 경험을 쌓아 가며 자신감을 얻고 안정감 있게 일에 전념하기도 한다. 게다가 이런 경우에는 특유의 집중력이 더욱 빛을 발한다. 이들이 지나치게 열심히 일하기 쉬운 것은 이런 이유가 있기 때문이다.

이렇게 일에 몰두하다 보면 주변에서 점점 좋은 평가를 받게 된다. 그러므로 얼핏 보기에는 좋은 일이라는 생각이 든다. 그런 반면에 가족이나 친구들과 함께하는 시간은 점점 줄어든다. 그만큼 의사소통이 부족해지면서 소중한 인간관계를 확립하지 못하게 되는 폐해도 생겨나게 된다.

또한 지나치게 일에 빠져 있는 사람은 일뿐만 아니라 알코올, 도박, 쇼핑, 섹스 등 다른 의존증으로 발전할 위험이 큰 것으로 알려져 있다.

예를 들어 알코올의존증을 보자. 여기에는 두 가지 유형이 있는데, 일도 하지 않고 대낮부터 술에 취해 길거리나 공원 같은 곳에서 술병을 끼고 잠들어 있는 유형과, 직장에서 열심히 일하는 회사원으로서 술에 빠져 사는 유형이 있다. 이 중 압도적으로 많은 것이 후자이다.

이들은 보통 사람보다 쉽게 일에 몰두하는데, 대략 70퍼센트가 일중독일 것이라고 생각된다. "내 인생의 낙은 일과 술이다." 이것이 이들이 흔히 하는 말이다. 그러나 그 뒤에 발달장애가 숨어 있다면, 그렇게 호기를 부릴 계제가 아니다. 다른 의존증이나 합병증을 일으킬 가능성이 있기 때문이다. 일이든 술이든 정도껏 하는 것이 가장 좋다.

❽ 가족끼리 단란한 시간을 갖는다 _ 의식적으로 스위치를 끄고 함께 어울린다

일에 몰두하는 발달장애인은 너무나 일을 열심히 하기 때문에 가족이나 친구들과 함께하는 시간이 적을 수밖에 없다. 가정이 있는 경우에는 가족들과 함께 식사하거나 외출하거나 여행을 하는 기회가 적어 가족들도 불만과 스트레스가 쌓이기 쉽다.

게다가 남성의 경우에는 아이 교육을 아내에게 맡겨 놓고, 가끔 아이와 얼굴을 마주쳤다 하면 공부해라 뭐해라 잔소리만 늘어놓기가 쉽다. 이런 아버지는 좋은 아버지라고 할 수 없으며, 아이의 몸과 마음이 발달하는 데에 좋은 영향을 주지 못한다.

이런 사태를 방지하려면 스위치의 온과 오프를 확실히 해야 한다. 그리고 가족이나 친구들과 식사를 하든지 놀러 가든지, 의식적으로 노는 시간을 갖도록 신경을 써야 한다.

"일이 너무 바빠서 정말로 그럴 여유가 없다."고 할 수도 있다. 그런 때일수록 더 억지로 시간을 만들어서 놀아야 한다. 일에서 벗어나 쉬는 시간을 가짐으로써 오히려 의욕이나 생기가 넘치게 된다는 것은 누구나 경험적으로 알고 있는 바이기도 하다.

❾ 자신에게 맞는 일을 선택한다 _ 직업진로지도의 중요성

발달장애가 있는 사람이 업무와 관련하여 문제를 일으키는 것은 대부분 본인에게 맞지 않는 일을 하고 있기 때문인 경우가 많다. 주의력이 모자라는 경향이나 충동성 같은 이런저런 문제가 있는 사람이 다음과 같은 일에 종사한다면 틀림없이 무리가 따를 것이다.

- 철저한 금전 관리
- 서류 관리
- 인사 관리
- 직접 사람을 대하고 돕는 직종(교사, 보육사, 보모, 사회복지사, 간호사, 간병인 등)
- 작은 부주의로 큰 사고를 불러올 수 있는 위험한 직종

발달장애인이 어떤 직업을 갖게 되느냐 하는 것은 이들이 청년기에 이르면서 어떤 고등학교, 전문학교, 대학교를 선택하느냐에 달려 있다. 그러므로 부모의 책임이 매우 크다 하겠다.

그러나 실제로는 본인이나 부모 모두가 발달장애가 있다는 것을 모르는 상태로 직업을 선택하는 경우가 대부분이다. 그래서 나중에 이를 깨닫고 자신에게 맞는 직업을 구하려 할 때는 이미 나이 문제 등에 걸려 어려울 때가 많다.

그렇기 때문에 현실적인 대응책으로서, 현재 근무하고 있는 직장의 상사나 동료 등에게 이해를 구하고, 이들이 업무를 잘 해나갈 수 있도록 협조를 부탁하는 경우가 많아지고 있다.

다행히 직장에 자리를 잡기 전에 발달장애라는 것을 알게 된다면, 그래서 나이 조건 등을 포함하여 전직을 할 수 있는 경우라면, 직업진로지도가 더더욱 중요해진다.

자세한 것은 제6장에서 설명하겠지만, 직업진로지도의 일반론을 이야기하자면 발달장애인은 그 장애의 특성을 살려 다음과 같은 일을 하는 것이 좋다.

- 본인이 흥미와 관심을 갖고 있는 분야의 일
- 본인이 갖고 있는 뛰어난 능력을 살릴 수 있는 일
- 사람이 아닌 것을 대상으로 하거나 취급하는 일

이들은 아무래도 쉽게 싫증을 내고 재미를 못 느끼기 쉬우므로, 가능한 한 매일 변화가 있는 일을 선택하도록 하는 것도 중요한 참고 사항이다.

4 좋은 생활 습관을 유지한다 _ 대사증후군을 예방하는 네 가지 철칙

발달장애가 있는 사람은 일이나 놀이, 컴퓨터 등에 열중하느라 불규칙한 생활을 하는 경향이 있다. 또 알코올이나 담배처럼 몸에 나쁜 것에 쉽게 빠지고, 영양소를 골고루 섭취해야 한다는 생각도 없이 패스트푸드나 인스턴트 음식만 먹기도 한다.

그 이유는 이들이 일부러 건강에 안 좋은 것들만 좋아해서 그런 것이 아니라 건강에 무관심하기 때문이다. 그리하여 젊은데도 암이나 당뇨병, 심장병, 뇌혈관질환 같은 생활습관병에 걸리는 사람이 적지 않다. 게다가 이런 질환은 마음 건강에 좋지 않은 영향을 미치기도 한다.

이렇게 몸과 마음에 나쁜 영향이 미치는 것을 방지하려면, 우선 건강에 관심을 갖고 몸에 좋은 건강한 생활 습관을 지켜 나가도록 신경을 써야 한다.

발달장애가 있는 사람이 특히 지켜야 할 중요한 사항이 다음 네 가지이다.

❶ 규칙적으로 잠을 자도록 신경을 써서 수면장애가 되지 않도록 한다

이들은 수면각성주기가 불안정해지기 쉽다. 그래서 자다가 깨어나서 울기도 하고, 몽유 현상, 야경증, 야뇨증, 수면무호흡증후군 같은 수면 수반증을 잘 일으킨다. 낮 시간에 수시로 졸음이 쏟아지는 것(주간졸림증)도 이 때문이다. 주요 증상인 주의력 결핍, 주의 산만, 감정의 불안정, 충동성, 공격성 같은 특징도 야간의 수면장애 때문에 큰 영향을 받는다. 그러므로 특히 다음과 같은 점에 주의해야 한다.

ⓐ 자는 것을 아까워할 정도로 일이나 컴퓨터, 휴대전화, 게임 등에 몰두하지 않는다.

ⓑ 수면의 질을 떨어뜨리는 알코올이나 담배, 커피 등을 지나치게 섭취하지 않도록 신경 써서 주의한다.

❷ 알코올, 담배, 커피 등을 지나치게 섭취하지 않는다

앞에서도 이야기했지만, 발달장애가 있는 사람은 불안감과 충동성이 강하고 자기 자신을 조절하는 능력이 미숙하다. 그렇기 때문에 기호품이나 약물에 의존하기 쉽고, 그중에서도 알코올이나 담배, 커피에 깊이 의존하는 경우가 많다.

이런 것들은 수면 효율을 떨어뜨리고 쉽게 우울증을 동반하는 것으로 알려져 있다. 또 담배와 카페인은 계속하지 않으면 두통, 불안과 초조, 메스꺼움 같은 금단 증상을 일으킨다. 그리고 낮 시간의 주간졸림증이나 주의력 결핍 증상을 악화시키기도 한다.

특히 여성은 알코올의존증을 더 조심해야 한다. 여성은 남성에 비해

간의 알코올 분해효소가 약해서, 남성보다 적은 양으로도 더 빨리 더 심하게 더 쉽게 알코올의존증에 빠지기 때문이다. 게다가 남편이나 주변 사람들의 도움을 받기가 쉽지 않아서 치료하기도 어렵다.

또 여성의 알코올의존증은 담배 의존, 약물 의존, 쇼핑 의존, 도박 의존, 자해 행위 같은 다른 의존증이나 기벽행동을 동반하기 쉽다는 특징을 보인다. 이런 증상이 2개 이상 동반되는 경우를 '다중기벽'이라고 부른다.

특히 젊은 사람들의 경우에는 알코올이나 담배가 시너, 대마초, 각성제 같은 다른 약물에 손을 대게 만드는 '입구약물'이 되는 경우가 많다. 전 국립요양소 구리하마 병원 의사인 스즈키에 따르면, 고등학교 때부터 알코올이나 담배를 남용한 사람들이 나중에 시너, 대마초, 각성제로 이행하는 확률이 높은 것으로 나타났다고 한다.

❸ 균형 잡힌 식생활을 유지하도록 주의한다

일반적으로 발달장애가 있는 사람은 식생활 문제도 함께 가지고 있다. 특히 수면각성주기가 불안정한 경우에는 더욱 그러하다.

영양소의 균형이 잘 잡혀 있는 식생활을 유지하려면, 식사를 준비하는 데에 시간을 많이 들여야 한다. 하지만 이들은 일에 몰두하거나 아니면 인터넷이나 게임에 빠져 결국 패스트푸드나 인스턴트 음식으로 때우는 일이 많다.

앞에서도 이야기했지만 아연, 마그네슘, 칼슘, 칼륨 같은 필수 무기질과 비타민 B_1, B_2, B_3, B_6, B_{12}와 같은 비타민 B군이 결핍되면, 중추신경계의 활동이 악영향을 받는 것으로 알려져 있다.

이런 영양소는 뇌가 정상적인 활동을 하는 데에 반드시 필요하다. 예를 들어 알코올의존증으로 이런저런 신경 증상이나 정신 증상이 나타나는 경우를 생각해 보자. 알코올은 간에서 분해될 때 필수 무기질과 비타민 B군을 빼앗아간다. 그러므로 이런 증상은 결국 필수 무기질과 비타민 B를 빼앗기고 결핍 상태가 되었기 때문에 일어나는 것이다.

여성에게 특히 중요한 것은 앞에서도 이야기한 생리전증후군과 식사의 관계이다. 월경 전의 불쾌감, 공격성, 초조함, 가벼운 우울 증상, 두통, 과식을 비롯한 여러 정신 증상은 여성호르몬의 불균형 때문에 일어난다.

발달장애가 있는 사람은 생리전증후군이 더 심해지기 쉬운 것으로 알려져 있다. 최근에 20~40대 여성을 중심으로 생리전증후군이 급격히 증가하고 있다. 그 이유는 식생활의 서구화, 즉 고지방과 동물성 고단백질 식사를 하게 된 데 따른 것으로 보고 있다. 생리전증후군을 개선하는 데에는 예전부터 먹어 왔던 전통 음식이 도움이 되는 것으로 생각된다. 그래서 최근에는 호르몬 치료보다 한방약과 식사요법이 권장되고 있다.

한편 여성 범죄의 80~90퍼센트가 월경 전에 발생하는 것으로 알려져 있다. 그러나 필자의 경험으로는, 수면각성주기를 확실하게 조정하고 알코올과 담배, 카페인 같은 기호품을 삼가며 평소에 전통적인 식생활을 유지한다면, 생리전증후군과 관련된 범죄가 상당히 예방될 수 있을 것이라고 생각된다.

❹ 게임이나 인터넷에 빠지지 않는다

발달장애가 있는 사람은 지금까지 여러 번 지적했다시피 텔레비전이나 비디오, 게임, 인터넷, 컴퓨터, 휴대전화 등에 쉽게 빠져든다. 부등교에서 시작해 장기적으로 은둔형외톨이가 되거나 니트 상태에 들어간 사람은 거의가 예외 없이 이런 것에 의존증을 보이고 있다.

특히 최근에 두드러지고 있는 것이 인터넷 의존이다. 인터넷 사회는 법적 규제가 충분하지 않은 일종의 무법 지대이다. 그런데 사회 경험이 부족한(또는 전혀 없는) 발달장애인들이 어떤 경계심도 없고 아무런 생각도 없이 그 속에 발을 들여놓고 있다.

그리하여 악덕 사이트에 접속하여 돈을 날리기도 하고, 인터넷을 통해 알지도 못하는 이성과 만나 쉽게 어울리다가 성범죄에 말려들기도 하며 약물 남용에 빠지기도 한다. 또 은둔형외톨이 사이트 같은 데서 친구를 만들고 안주함으로써 은둔형외톨이 상태가 장기화하는 경우도 적지 않다.

게임이나 인터넷 같은 데 의존하지 않도록 부디 조심해야 할 것이다.

심리요법(상담)_자신이 '뭘 해도 안 되는 인간'이 아니라는 것을 깨닫는다

심리요법(정신요법)은 기본적으로는 마음(심인성)이나 트라우마가 원인인 불안장애나 인격장애 등을 치료하는 데에 중요한 역할을 하는 치료법이다. 그러나 발달장애의 경우에도 이차 장애나 합병증을 예방하는 데에 큰 효과가 있으며, 이것은 본인뿐만 아니라 가족에게도 필요한 부분이다.

일반적으로 심리요법은 다음과 같은 과정을 통해 본인의 변화와 성장을 이끌고, 가족들 또한 이것을 받아들여 함께 변화하고 성장해 나가도록 한다.

- 진단에 따른 기분 정리
- 자신이 안고 있는 문제 정리하기
- 적절한 행동 이해하기
- 사회기술 학습하기

심리요법에서 맨 처음 부딪치게 되는 문제는 진단에 대한 반응이다. 처음 발달장애라는 진단을 받게 되면, 거의 대부분이 '안도감'과 '자책감 감소'를 경험한다.

"나는 '무엇을 해도 안 되는 인간'이 아니다. 게을러서도 도덕적으로 결함이 있어서도 아니다." 하는 데에 생각이 미치면서 안도감을 느끼는 것이다.

그러나 그중에는 뇌에 기능적 결함이 있다는 것을 알고는, 거꾸로 자신의 장래를 절망적으로 바라보거나 비탄에 빠지는 사람도 있다. 또 자신이 병을 갖고 있다는 것에 대해 화가 나서 어찌할 바를 모르거나, 주변 사람들에게 심한 신경질 또는 분노를 드러내는 경우도 있다.

그러므로 치료자(상담자)는 이들이 결코 비관이나 절망에 빠지지 않도록 해주어야 한다. 그리고 장래의 희망을 가지고 낙관적이고 긍정적이고 적극직인 태도로 일어나서 나아갈 수 있도록 북돋아 주어야 한다.

또한 이들의 장점과 우수한 능력을 찾아내 그것을 잘 살릴 수 있도록 도와주는 것도 중요하다.

보통 심리요법에서는 '치료 계약'이라는 것을 맺고, 이것을 바탕으로 치료자와 발달장애인 사이에 '치료 계획표'를 짜게 된다. 그러나 이들이 종종 치료 시간을 잊어버리거나 늦을 때가 많아 치료가 지속되기 어려운 면이 있다.

또 신뢰 관계나 라포르(rapport : 상대와 마음이 통하는 것, 소통성)를 쌓아 나가는 것이 어렵고, 잘될 것 같다가도 사소한 일로 쉽게 무너지는 일이 흔히 발생한다. 그래서 때로는 전문 치료자들도 마음대로 하라는 식으로 분노와 포기에 가까운 감정을 갖게 되는 경우가 있다.

심리치료나 상담을 할 때는 마음이 너그럽고 포용력 있는 치료자를 선택하는 것도 필요하다. 그리고 치료 계획표에 얽매이지 않고 긴 안목을 가지고 치료해 나갈 수 있도록 주의를 기울여야 한다.

이 과정에서 굉장히 중요한 점이 있다. 심리요법이나 상담과 함께 앞에서 이야기한 심리 교육과 환경조정요법, 그리고 나중에 설명할 자조 그룹이나 약물요법 등을 병행하는 것이다.

인지행동요법 _ 왜곡된 '사고방식의 틀'을 바로잡는다

사람은 누구나 자기 나름의 '사고방식의 틀'을 가지고 있다. 이 틀이 왜곡되어 있으면 현실 상황을 정확히 파악하거나 냉정히 판단하지 못하게 된다. 그리고 이상하게 한쪽으로 치우친 사고를 하게 된다. 이것을 '인지 왜곡'이라고 한다.

인지 왜곡의 예로는 다음과 같은 것을 들 수 있다.

- 모든 것을 비관적으로 생각하는 '부정적 사고'
- 사소한 일을 과도하게 일반화해서 생각하는 '과도한 일반화'
- 무엇 무엇은 꼭 해야만 하고 무엇 무엇은 꼭 되어야 한다고 여기는 '해야 한다는 생각'
- 좋은지 나쁜지 또는 완전한지 불완전한지를 따지는 '양자택일적 생각'
- 본인과 관계없는 일이 생겼는데도 마치 관계가 있는 것처럼 판단하는 '개인화 경향'

인지행동요법이란 바로 이러한 인지 왜곡을 바로잡는 것을 말한다. 한쪽으로 치우친 생각밖에 할 줄 모르는 사고방식에서 빠져나오도록 하는 것이다. 그러므로 특히 우울 상태에 있는 발달장애인에게 치료 효과가 크다.

치료자는 발달장애가 있는 사람과 일대일로 만나 다양한 상황과 장면을 하나씩 하나씩 예를 들어 나간다. 거기서 일어나는 모든 일을 어떻게 파악하고 생각하는지 보고 그 방식을 수정해 나간다. 그리하여 사회에 잘 적응된 형태로 행동할 수 있도록 돕는 것이다.

구체적인 예를 들어보자.

- 파국 쪽으로 몰아가려는 성향을 완화하고, 부정적인 사고방식을 긍정적인 방향으로 변화시킨다.

- 본인이 인지 왜곡을 깨달을 수 있도록 해당 사항에 명칭을 부여한다.
- 다른 선택의 여지가 없는지 검토하고, 매사를 다면적으로 보며, 좋은 면과 안 좋은 면을 모두 볼 수 있도록 한다.

자조 그룹_같은 처지에 있는 사람들과 경험과 고통을 나눈다

발달장애가 있는 사람은 자기평가 수준이 낮고, 지역 또는 직장에서 고립되어 있는 경향이 있다. 그렇기 때문에 같은 처지에 있는 사람들을 만나 서로 공통된 경험과 고통을 이야기하다 보면 안정감을 얻고 불안을 누그러뜨리는 데 큰 도움이 된다. 당사자들끼리 서로 상대방을 지원하는 자조 그룹에 참가하는 것도 바로 이런 의미를 갖는다.

지금까지 진행되어 온 수많은 임상 연구 결과를 보면, 의존증이나 기벽행동의 경우에 기존의 심리요법(상담)이나 인지행동요법, 약물요법 등은 그 효과에 한계가 있었다. 그러나 자조 그룹은 증상을 치료하는 데에 매우 유효한 것으로 폭넓게 입증되고 있다.

일본의 '성인 ADD와 ADHD 모임(SOAA)'도 자조 그룹이다. 이 모임은 ADHD와 관련 있는 사람들이 본래 갖고 있던 능력을 최대한 살려서 살아갈 수 있도록, 그 실태를 파악하고 사회적 인지도를 높이며 생활을 지원하는 데에 기여하는 것을 목표로 하고 있다.

성인ADHD로 고통 받고 있는 사람 중에는 SOAA에 가입하고 배우자와 동료의 이해와 협력을 받게 되면서, 인생의 새로운 희망을 찾게 된 사례가 많다고 한다. 다음에 소개하는 B도 그런 경험자이다.

발달장애를 깨닫지 못하는 어른들

"남편이 '함께 열심히 해보자.'고 말해 주었다. 요즘 내가 정리정돈을 못하는 것을 놓고 불평하는 소리가 줄어들었다고는 느꼈지만, 솔직히 이 정도까지 변할 줄은 생각도 못했다. '왜 이렇게 지저분해! 설거지할 것이 쌓여 있잖아! 빨래 안 해? 공과금은 기한 안에 제대로 내야지!' 이런 말만 늘어놓고, 불평불만 외에는 대화라는 것이 거의 없었던 남편이다.

지금까지 ADHD 이야기를 하면 귀찮다는 태도를 보이고, ADHD에 관련된 책도 한번 펼쳐보려 하지 않았다. 남편이 나를 이해해 줄 수 있게 된 것은 내가 SOAA 홈페이지에 글을 올리고 자조 그룹에 참가하게 되면서부터이다.

'똑같은 고민을 하는 사람이 많아서 안심이 돼. 생활을 개선하는 방법도 배울 수 있어.' 내가 이렇게 말하고 집을 나서면, '남편이 쉬는 날에 아이까지 맡겨 놓고서 꼭 자조 그룹에 가야만 되는 거냐?' 하며 비꼰 적도 있다. 그러나 나의 굳은 결의를 알아차린 듯, '절대 안 돼!'라는 말은 하지 않았다.

남편은 최근에 이런 말을 해주었다. '당신이 이렇게 반대를 무릅쓰고 SOAA에 가는 것을 보니, 얼마나 ADHD로 고민을 하고 있는지 조금 알 것도 같다. 내가 좀 옛날식 인간이라, 도대체 여자가 왜 집안일을 못하나 하는 불만이 있었다. 하지만 이제부터는 당신을 이해하고 싶다. 둘이서 도와 가며 열심히 해보자.'

나는 흐르는 눈물을 참을 수가 없었다. 꿈만 같았다. 요즘 남편은 ADHD 책도 읽기 시작했다. 그리고 'ADHD는 당신 혼자서 노력한다고 좋아지는 것이 아닌 것 같네. 가족의 협조와 도움이 필요한 거지.' 한다. 지금 다시 그 생각을 떠올리니 눈물이 날 것 같다."

이런 경험담에서도 알 수 있듯이, 성인 ADHD를 갖고 있는 입장에서는 누가 뭐래도 가장 중요한 사람이 배우자이다. 이 부분은 나중에 다시 설명하겠다.

약물요법_중추자극제를 복용하면 증상이 극적으로 경감된다

어른의 발달장애, 특히 ADHD나 아스퍼거증후군에는 약물요법이 매우 효과적이다. 이 부분은 구미 각국의 전문가나 임상의 사이에서도 여러 차례 강조되고 있다. 이들은 하나같이 이렇게 말하고 있다. "ADHD나 아스퍼거증후군은 기본적으로 뇌(중추신경계)의 신경생리학적, 생화학적 질환이다. 상담이나 심리요법도 필요하지만, 동시에 약물요법을 실시해야 한다. 환자에게는 뇌에 결핍되어 있는 생화학적 물질을 보충해 줄 수 있는 물질이 필요하다. 이것이 공급되지 않으면 생활 전반에 걸쳐 일어나고 있는 문제가 해소되지 않는다."

의학박사인 웬더(Paul Wender), 라임허(Frederick Reimherr), 우드(David Wood)의 약물요법 연구 논문에 따르면, ADHD라고 진단 받은 성인 환자 60퍼센트가 중추자극제를 투여한 후에 증상이 개선되었다고 한다. 이 수치는 아동의 경우에 증상이 개선되는 비율 80~90퍼센트에는 못 미치지만, 좋은 반응을 나타냈다는 것만큼은 사실이다.

실제로 중추자극제인 메틸페니데이트(예전 상품명은 '리탈린', 현재 상품명은 '콘서타')를 투여하면, 아동 발달장애와 마찬가지로 증상이 극적으로 감소하는 경우를 자주 볼 수 있다.

약물요법은 환자의 뇌 기능을 예전 상태로 회복시키고자 사용하는

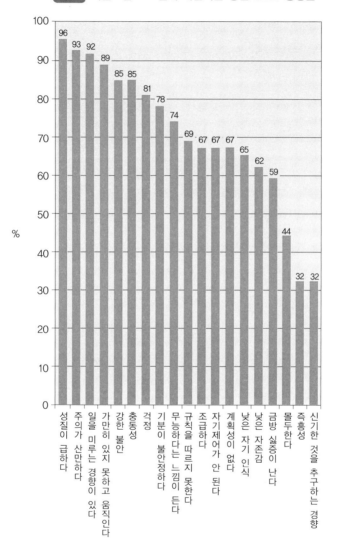

그림 5 약물요법으로 쉽게 개선되는 성인ADHD 증상들

것이다. 그런데 놀라운 것은, 어른 발달장애인의 경우에는 지금까지 경험한 적이 없을 정도로 뇌의 기능이 회복된다는 것이다. 그리하여 학업이나 일, 일상생활에서 그야말로 몰라볼 정도로 개선된 모습을 보여주는 경우가 많다.

내가 진료한 80명의 성인ADHD 사례에서도, 메틸페니데이트를 사용했을 때 충동적 행동, 과잉행동, 급격한 감정 변화, 주의력 결핍, 약한 스트레스 내성 등의 여러 증상이 현저하게 줄어드는 것으로 나타났다. 또 경우에 따라서는 합병증으로 나타난 우울증, 의존증, 기벽행동, 불안장애도 개선되었다.

할러웰과 레이티의 성인ADHD 진단 기준 항목별로 그 효과를 살펴보면, 그림5와 같이 높은 비율로 개선되었다는 것을 알 수 있다.

한편, 일부 언론이나 사람들 사이에는 메틸페니데이트 같은 약물을 쓰면 의존증 또는 내성이 생길지도 모른다고 우려하는 경향이 있는 것 같다. 그러나 발달장애인이 이런 약물에 의존증이나 내성이 생기는 일은 없다.(2010년 1월 현재 일본에서는 어른의 발달장애에 콘서타를 사용하는 것이 승인되어 있지 않다. 앞으로 의료와 복지 향상을 위해서 처방할 수 있게 되기를 기대한다.)

증상에 따라 가장 적절한 약물을 선택한다

메틸페니데이트 이외에도 아스퍼거증후군에 효과가 있는 약이 여러 가지 있으며, 사람마다 그 증상에 맞춰 적절히 사용하는 것이 중요하다. 다음에 대표적인 약물을 소개한다.

❶ SSRI(Selective Serotonin Reuptake Inhibitors, 선택적 세로토닌 재흡수 억제제)

플루복사민〔Fluvoxamine, 상품명 데프로멜(Depromel)〕, 파록세틴(Paroxetine) 같은 SSRI는 나중에 설명할 발프로산〔Valproic acid, 상품명 데파켄(Depakene)〕과 함께 메틸페니데이트에 이어 폭넓게 쓰이고 있는 약물이다.

SSRI는 그 명칭대로 세로토닌 재흡수를 저해하는 약물이다. 어른의 경우에는 일반적으로 우울증에 사용되고 있으며, 답답하고 우울한 기분, 불안초조감, 의욕 감퇴, 자살 충동, 수면장애, 자율신경증에 효과가 있다. 지금까지 쓰이던 항우울제와 달리 입이 마르거나 눈이 침침해지는 증상, 요폐(요의가 있는데도 배뇨가 안 되는 상태) 같은 부작용이 적기 때문에 구미 각국과 일본에서 널리 쓰이고 있다.

SSRI의 공통된 부작용으로는 부정형신체증후군(뚜렷하게 어디가 아프거나 병이 있는 것이 아닌데도 병적 증상을 호소하는 것), 심장 두근거림, 두통, 메스꺼움, 위장 불쾌감, 설사, 구토, 수면장애, 신경과민, 불안 등이 있다.

❷ 발프로산

예전부터 전간 증상에 사용해 왔으며, 최근에는 조울증 치료에 사용되고 있는 약물이다. 발달장애에도 효과가 있으며, 특히 뇌파에 확실한 이상이 있어서 주기적으로 기분이 나빠지고 흥분, 공황 상태에 이르는 경우에 치료 효과가 기대된다.

부작용으로는 메스꺼움, 구토, 진정, 졸음, 체중 증가, 탈모 등이 있다.

❸ 항정신병약

대표적인 것으로 할로페리돌〔Haloperidol, 상품명 세레네이스(Serenace)〕,
피모지드〔Pimozide, 상품명 오랍(Orap)〕, 리스페리돈〔Risperidone, 상품
명 리스페달(Risperdal)〕이 있다.

　주로 저기능자폐증이나 문제행동이 동반되는 지적장애를 치료하는
데에 사용되며, 과잉행동, 충동성, 정서불안, 자해 행위, 공격적이고 파
괴적인 행동, 불쾌감, 흥분, 공황 등에 효과가 있다.

　할로페리돌이나 피모지드는 틱장애나 투렛증후군 증상을 함께 보이
는 ADHD와 자폐증에 사용된다. 메틸페니데이트는 틱장애와 투렛증
후군을 악화시키는 경우가 있기 때문이다.

　또 리스페리돈은 발달장애인의 수면각성주기를 안정시키는 데에 뛰
어난 효과가 있다. 그러므로 ADHD나 자폐증 등으로 수면장애가 있
고, 그 때문에 문제행동이 더 심해지는 경우에 사용된다. 저녁에 1회
복용으로 이상적인 수면각성주기를 확립할 수 있다.

　약물 부작용으로는 과진정, 졸음, 권태감, 기립성 현기증, 심장 두근
거림, 빈맥, 식욕 항진, 체중 증가, 성욕 감소, 발기부전 등이 있다.

❹ 아토목세틴〔Atomoxetine, 상품명 스트라데라(Strattera)〕

최근에 주목 받고 있는 ADHD 치료약이 아토목세틴이다. 아직 일본에
서는 성인 ADHD 치료제로 허가가 나지 않았지만, 미국 등에서는 이
미 그 효과를 인정받고 있다.

　아토목세틴의 효과는 메틸페니데이트와 거의 비슷한 것으로 생각되
며 부작용도 두통, 메스꺼움, 식욕 저하 등 대체로 비슷하다. 다만 메틸

페니데이트는 측좌핵(側座核)에서 도파민 등의 신경전달물질을 활성화하여 의존성을 일으킬 가능성이 있다고 생각되는 반면에, 아토목세틴은 선택적 노르아드레날린 재흡수 억제제이기 때문에 그런 현상을 보이지 않는다.

미국과 캐나다의 ADHD 치료 지침을 보면, 메틸페니데이트와 아토목세틴이 모두 제1선택 약물로 되어 있다. 또 유럽에서는 제1선택 약물이 메틸페니데이트이고, 아토목세틴이 제2선택 약물로 되어 있다.

약물요법이 효과가 있었던 C의 사례

- 사례 : C, 초진 당시 46세.
- 진단 : 성인ADHD 과잉행동충동성우세형. 알코올 의존, 담배 의존, 아동학대.
- 가족력 : C의 아버지, 누나, 장남도 ADHD. 장남은 통원 치료 중.

C의 장남은 초등학교 2학년 무렵부터 과잉행동충동성우세형 ADHD 때문에 통원하면서 약물 치료를 받고 있었다.

장남은 과잉행동, 주의력 결핍, 충동성을 나타냈고, 감정이 불안정했으며, 몸이나 주변 관리를 못하고 있었고, 사회성이 미숙하고 학업 부진 등의 증상을 보이고 있었다. 그러나 메틸페니데이트(리탈린), 플루복사민(데프로멜)을 함께 처방받아 상당히 개선되고 있었다.

그런데 C는 아이가 학교에서 담임에게 주의를 받는다든지 야단을 맞는다든지 집에서 소소한 일로 문제를 일으킨다든지 하면, 그럴 때마다 심하게 혼을 내거나 폭력을 휘둘러 왔다. 아이에게 이차 장애를 일으킬 가능성이 크니 폭력을 그만두라고 의사가 지도를 해도 소용이 없었다.

또 자기가 일하면서 실수한 것은 모르는 척 넘어가고, 종업원이 저지른 실수는 사소한 것 가지고도 엄청나게 성질을 냈다. 자동차를 운전하는 것도 난폭했고, 표지판을 못 보고 지나가기 일쑤였으며, 사고도 여러 번 냈다.

건망증이 심하고 신변 관리나 정리정돈을 못하기 때문에 집안일이나 육아 문제 등은 전부 아내에게 맡겨 놓고 있었다. C는 자기중심적이었고, 자신의 요구 사항을 일방적으로 말하고는 그것으로 그만이었다. 남의 의견은 전혀 듣지 않았다.

C의 아내는 아이와 마찬가지로 남편도 ADHD일지도 모른다는 의심이 들어서, 시험 삼아 아이가 먹는 약을 2배로 늘려서 남편에게 먹여 보았다고 한다. 그랬더니 그날부터 거짓말처럼 '좋은 남편'이 되어, 일방적으로 야단을 치고 폭력을 휘두르던 버릇이 사라지고 아내의 말을 선선히 듣게 되었다고 한다.

그리하여 C는 아내 손에 이끌려 아들이 다니는 병원에 오게 되었다. 의사는 C의 기왕력과 증상의 특징을 보고 성인 ADHD라고 진단을 내렸다. 그리고 C와 아내에게 심리 교육을 진행하고, ADHD의 원인과 증상, 대응, 지원 방법 등을 설명함과 동시에 메틸페니데이트와 플루복사민을 처방했다.

그러자 투약 당일부터 충동성과 공격성이 개선되었고, 가족이나 종업원들이 이야기하고자 하는 바를 차분히 들을 수 있게 되었다. 업무 중의 실수나 건망증도 줄어들었고, 자동차를 운전하는 태도도 몰라볼

만큼 신중해졌다. 또 지금까지 심했던 코골이와 잠꼬대, 나쁜 잠버릇 같은 증상도 좋아졌다.

또한 스트레스가 쌓여 화가 날 때마다 과식을 하거나 알코올, 담배, 커피 등에 의존했던 경향도 크게 감소했다. C는 이렇게 말했다. "머릿속을 잘 정리할 수 있게 되어서 시원합니다. 이제는 한 가지만 고집하거나 매달리지 않게 되었어요." 약물요법이 효과를 거둔 전형적인 사례이다.

그 밖의 치료법 _ 식사요법

발달장애를 치료하는 데에는 식사도 매우 중요하다. 균형 잡힌 식사를 하는 데 신경을 쓰는 것은 물론이고, 필요에 따라 건강식품이나 보조제를 이용하는 것도 나쁘지 않다.

예를 들면 피크노제놀(Pycnogenol)이 있다. 소나무 수지, 즉 송진에서 추출한 폴리페놀을 많이 함유하고 있는 항산화식품이다. 구미에서는 40년 전부터 당뇨병성 망막증이나 혈전증, 심장병 등을 치료하는 데에 효과가 있다는 연구 보고가 있었다. 일본에서는 아직 건강식품으로 취급하고 있는데, 최근에 들어와 ADHD 치료에 사용되면서 과잉행동이나 주의력 결핍 증상을 완화하고 협조운동 능력을 키우는 데 효과가 있는 것으로 알려졌다.

그 밖에 미국가막사리, 귤 분말, 벼룩나물, 밤나팔꽃 싹, 좀씀바귀를 섞어 만든 허브보조제가 ADHD, 아스퍼거증후군, 생리전증후군에 효과가 있는 것으로 생각된다.

로마린다 클리닉의 의사인 도미나가 구니히코는 하버드 대학의 연구 결과를 실제로 환자에게 적용해, 복합탄수화물이 풍부한 식사를 하면 혈중 트립토판이 증가해 생리전증후군의 정신 증상이 크게 개선된다는 점을 입증하고 있다. 여기서 복합탄수화물이란 백설탕, 백미, 흰 밀가루처럼 정제된 것이 아닌 곡류 그리고 감자류를 가리킨다.

주변 사람들은
어떻게 대응하는 것이 좋을까

제5장을 시작하면서도 이야기했지만, 발달장애를 치료하는 데는 본인이 깨닫고 치료하는 것 외에도 주변 사람들의 도움이 반드시 필요하다. 주변의 몰이해가 증상을 더욱 악화시키기 때문이다. 실제로 가족의 도움을 받는 경우와 그렇지 않은 경우에 치료 효과에 커다란 차이가 있다는 것이 밝혀지고 있다(그림6).

그러면 가정과 직장에서 가깝게 지내는 사람들이 어떻게 대응해야 하는지에 대해 알아보자.

배우자와 가족의 대응 방법

나의 ADHD 체험기 _ 당신은 평생 운전하지 않는 것이 좋겠다
발달장애를 극복하는 데에는 주변의 이해와 지원이 절대로 필요하다.

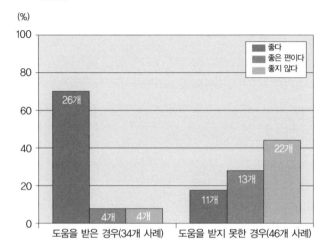

그림6 가족의 도움과 치료 효과의 관계

(%)

- 좋다
- 좋은 편이다
- 좋지 않다

도움을 받은 경우(34개 사례)   도움을 받지 못한 경우(46개 사례)

26개
4개 4개
11개
13개
22개

치료의 반응성을 백분율로 나타낸 그림이다. 가족의 도움을 받은 경우는
반응성이 좋다. 반대로 그렇지 않은 경우는 반응성이 나쁘게 나타났다.

특히 배우자와 가족의 도움은 더욱 그러하다. 이러한 부분을 이해하는
데 도움이 되도록 내 경험을 잠깐 이야기할까 한다.

앞에서도 밝혔지만, 나는 ADHD 경험자이다. 주의력결핍우세형
ADHD로서, 아이 때부터 눈에 띄게 주의력이 부족했고 늘 멍한 상태
로 있을 때가 많았다. 학교 수업은 언제나 건성으로 들었고, 손톱을 물
어뜯거나 다리를 떨거나 코를 후비면서 자기 세계로 들어가 공상을 즐
기며 놀곤 했다.

주의가 산만하다 보니 자전거에 부딪쳐 앞니가 2개 부러진 적도 있
고, 누군가 야구방망이를 휘두르며 연습을 하고 있는데 거기로 뛰어들
어 머리를 맞고 기절한 적도 있다. 이렇게 늘 사고가 끊이지 않았다. 건

망증도 심하고, 정리정돈도 할 줄 몰랐다. 셔츠는 언제나 바지 밖으로 나와 있었다. "너한테는 뭘 입혀도 단정한 맛이 없구나." 하며 어머니가 한숨을 쉬던 모습을 기억한다.

산수나 국어는 남들만큼 했기 때문에 학습장애는 별로 눈에 띄지 않았다. 그런데 암산에는 약해서 수판셈 같은 것은 전혀 못했다. 글자도 잘 못 써서 언제나 비뚤비뚤했고 쓰는 순서도 제멋대로였다.

음악이나 체육도 굉장히 못했다. 리코더로 도레미도 불 줄 몰랐고, 철봉이나 뜀틀도 거의 성공한 적이 없었다. 협조운동에 문제가 있었기 때문일 것이다. 지금도 자전거조차 못 탄다.

그런 필자가 운전면허는 가지고 있다. 그러나 면허를 취득한 후 한 번도 핸들을 잡은 적이 없다. 운전 학원에서 처음으로 도로 주행 실습을 나왔을 때, 신호나 표지판을 무시하고 달리다가 사람을 칠 뻔했다. 그러자 조수석에 앉아 있던 교관이 허옇게 질린 얼굴로 이렇게 말했다. "당신은 평생 운전하지 않는 것이 좋겠다. 틀림없이 대형 사고를 낼 것이다. 그렇게 약속한다면, 도장을 찍어 주겠다." 그리하여 필자는 지금까지 그 조언을 착실히 지켜 왔고, 덕분에 그린면허증을 가지고 있다.

그런 형편이었는데 참 용케도 의과대학에 합격했다고 생각한다. 물론 전적으로 운이 좋았기 때문일 것이다. 하지만 그 밖의 이유를 찾아보자면, 영어를 조금 잘했고, 관심이 있거나 흥미를 느끼는 것에는 남들 이상의 특출한 집중력과 집념을 발휘했기 때문인 것 같다.

항상 멍하니 있기를 잘했지만, 내가 좋아했던 야구에 관해서라면 그야말로 '박사'였다. 예를 들어 고교 야구 시즌이 돌아오면, 각 지방에서 예선이 벌어질 때부터 대전 상황 등을 자세히 점검했다. 그리고 각 지방을 대표하는 학교가 등장할 무렵이면, 우승 범위를 몇 개 팀으로 압축해서 우승팀까지 예측했다. 그야말로 고교 야구의 광이었다. 아마도 이런 과집중 경향이 입시 준비에 도움이 되었을 것이다.

아내는 행정 부처를 총괄하는 슈퍼 국무총리

대학에는 합격했지만, 지저분하고 깔끔하지 못한 습성은 더 심해졌다. 아이 때도 전혀 주변을 정리할 줄 몰랐지만, 그때는 어떻게 부모님 덕분에 해결될 수가 있었다. 그런데 대학에 들어가면서 혼자 자취를 시작하자마자, 참으로 볼 만한 생활이 전개되기 시작했다.

정리하고 치울 줄을 모르니 방이 순식간에 쓰레기더미가 되었다. 음식쓰레기라도 갖다 버리면 좋을 텐데, 그냥 내버려 두다 보니 어느새 구더기까지 생기고 있었다.

처음 나를 찾아온 누님은 그 참상을 보고는 기가 막힌다는 눈빛으로 이렇게 말했다. "인간이 사는 곳이라고 말할 수가 없구나."

목욕한 지 두 달이 넘었는데도 아무 생각 없이 다녔다. 비듬투성이에 부스스하게 자란 머리를 보면 영락없이 노숙자였다. 친구들한테는 "얘 옆에 가면 항상 냄새가 나!" 하는 소리를 들었다. 실제로 길을 가다 보면 내 주변에 항상 파리가 웽웽 날아다니고 있었던 기억이 있다.

대학에서도 흥미가 없는 수업 시간에는 늘 졸았고, 리포트도 안 내고 내버려 두었다. 덕분에 어떤 교수한테 밉보여서, 여러 번 시험을 봤는데도 합격점을 받지 못해 유급할 뻔한 적도 있다. 또 스트레스가 쌓이면 엄청나게 술을 마시거나 먹어대기도 했다.

그런 내가 그럭저럭 지금까지 잘 살아올 수 있었던 데는, 의사라는 자유업에 종사할 수 있었다는 것이 하나의 이유로 작용했다. 그리고 의대를 졸업하고 바로 결혼해 옆에서 신변을 항상 관리해 주는 아내가 생겼기 때문이기도 하다.

자유분방하고 제멋대로이며 남이 이래라 저래라 하는 것을 엄청나게 싫어하는 나는 답답한 조직 안에서는 도저히 견디지 못하는 인간이다. 그런 의미에서 의사라는 직업을 선택한 것이 참 다행이라고 생각된다.

그런 나를 오랫동안 지켜주고 있는 아내는 무엇보다 소중하고 커다란 존재이다.

내가 가정에서 중요한 사항만 결정하는 대통령이라면, 아내는 식사와 건강을 관리하는 보건복지부 장관, 금전 관리와 살림을 꾸려나가는 기획재정부 장관, 자동차를 운전하고 열차표나 호텔 예약 등을 담당하는 국토해양부 장관, 주변의 관혼상제를 비롯해서 사교와 대외 활동을 담당하는 외교통상부 장관, 두 아이의 육아와 교육을 전담하고 지켜봐 주는 교육과학기술부 장관, 그 밖의 모든 잡다한 일을 도맡아 하는 행정안전부 장관 등등을 모두 맡고 있는 셈이다. 바로 슈퍼 국무총리라고 하겠다.

더 숨길 것도 없는 것이, 지금 이 원고도 내가 괴발개발 손으로 써 놓은 것을 아내가 컴퓨터에 입력해 준 것이다. 그 덕분에 편집자 손에 넘겨져 활자화될 수 있었다. 이 책은 아내가 없었다면 결코 세상에 나오지 못했을 것이다. 배우자의 존재와 도움은 이렇게 큰 것이다.

가족들은 어떻게 대응해야 할까?

발달장애인이 있으면, 그 가족들은 대개 다음과 같은 두 가지 유형을 나타낸다.

하나는 가족들이 발달장애인에게 휘둘리는 유형이다. 이들이 저질러 놓은 일이나 돌발적인 행동 등에 휘말려, 언제나 나중에 뒤처리를 하느라 고생한다. 가족들의 바람은 언제나 뒤로 밀리기 때문에 불만이 쌓여 있는 경우가 많다.

또 하나는 가족 모두가 발달장애인을 포기하고, 무시하거나 방임하고 있는 유형이다. 이런 경우에 발달장애인은 혼자서 살아갈 수밖에 길이 없다. 그리고 가족에게 버림받은 듯한 소외감을 느낀다.

이러한 양극단의 불행한 상황에서 벗어나려면, 지금까지 여러 번 이야기했다시피 발달장애를 잘 이해하고 받아들여야 한다. 모든 것이 여기서부터 시작되기 때문이다.

가족으로서 어떻게 발달장애인을 바라보고 대응해야 하는가? 여기서는 가장 핵심적인 역할을 하게 되는 배우자에게 초점을 맞추어 중요한 사항을 몇 가지 설명해 보기로 하겠다.

❶ 부부가 함께 전문의에게 설명을 듣는다
부부가 함께 발달장애를 이해하고 잘 받아들이려면, 전문의에게 함께 이야기를 듣는 것이 가장 좋다. 전문가에게 객관적이고 과학적인 설명을 들음으로써, 그때까지 고민했던 문제행동이 본인의 성격이나 노력 부족 때문이 아니라는 것, 뇌에 기능장애가 있으며 뇌의 발달이 균형 있게 이루어지지 않아서라는 것을 잘 알게 되기 때문이다.

또한 발달장애와 관련된 책을 함께 읽거나 자조 그룹에 참가하는 것도 큰 도움이 된다.

❷ 부부끼리 자주 이야기를 나누고 협력 관계를 만들어간다

우선 발달장애가 부부 사이에 어떤 영향을 미치는지를 놓고 두 사람이 계속 이야기를 나눈다. 그리고 변하기를 바라는 것과 변하지 않기를 바라는 것, 변해 주기를 바라는 것과 변하지 말아 주기를 바라는 것에 대해 서로 생각하고 있는 대로 숨김없이 그리고 냉정하게 이야기를 나누어본다.

이때 배우자는 잘 모르겠는 것, 묻고 싶은 것이 있으면 허심탄회하게 묻도록 한다. 그러나 힐난하는 식은 금물이다. 부드럽고 따뜻하게 질문하는 것이 중요하다. 직접 묻기가 망설여지는 것은 편지나 메일로 물어도 좋을 것이다. 예를 들면 성적인 문제가 그러한데, 특히 ADHD인 사람은 성적인 욕구가 지나치거나 섹스리스인 경우가 많다.

이렇게 해서 조금씩 서로 이해의 폭을 넓혀 간다. 그러다가 지금까지 몰랐던 상대의 좋은 점을 발견하게 되면 "야, 굉장하네!" 하며 칭찬도 해주자. 발달장애가 있는 사람은 솔직하고 꾸밈이 없기 때문에 칭찬을 받으면 자신의 능력을 더 열심히 발휘한다.

그러나 상대방을 더 잘 이해하고 싶다고 해서 하루 종일 함께 있는 것도 좋지 않다. 냉정하게 자신을 돌아다보는 시간이 서로에게 필요하기 때문이다. 특히 발달장애가 있는 사람은 혼자서 조용히 '정리'할 수 있는 시간과 장소가 필수적이다. 이런 점을 배려해야 한다는 사실을 잊지 말아야 한다.

이것은 어느 한쪽이 발달장애를 갖고 있는 부부의 경우에 서로 '공의존' 관계에 빠질 염려가 있기 때문이기도 하다. 장애가 있는 쪽은 무슨 일이 생기면 언제나 상대방 탓을 하고, 상대방은 또 전부 자기가 잘 못했다며 모든 책임을 스스로 짊어지는 관계가 되기 쉬운데, 이런 것이 바로 공의존 관계이다.

그러므로 서로 지나치게 간섭하지 않도록 하고, 자립을 촉구하는 노력을 잊지 말아야 한다.

❸ 만약을 대비하여 부부만이 아는 신호를 정해 둔다

발달장애가 있는 사람은 사람을 사귀는 데 서투르다. 그래서 사교적인 장소에 가면 어떻게 처신해야 하는지 잘 몰라서 실례를 범하거나 공황 상태가 되기도 한다.

이럴 때 배우자가 친구나 지인, 일 관계자 등에게 "제 남편(또는 아내)이 혹시 실례가 되는 말이나 행동을 할지도 모르겠습니다만, 절대 악의가 있어서가 아니라 인간관계에 서툴러서 그런 것뿐입니다." 하는 식으로 미리 이쪽 사정을 알려주는 것도 도움이 된다.

배우자가 함께 동반하는 자리라고 해도 사전에 그런 정보를 알려주는 것이 좋다. 그러면 혹시 이상한 행동을 하더라도 다들 크게 신경을 쓰지 않을 것이다. 미리 그런 조치를 취해 놓았다 하더라도 발달장애가 있는 사람을 혼자 놔두지 않도록 한다. 잘 살펴보다가 혹시라도 실수를 할 것 같은 상황이 되면, "이럴 때는 이러이러하게 하면 돼요." 하고 살짝 알려주도록 하자.

발달장애가 있는 사람이 연회 등에 참석할 때는 가능한 한 사람이 적은 구석 쪽에 자리를 잡고, 누군가와 이야기를 할 때는 듣는 역을 맡는 것이 철칙이다. 그렇게 하더라도 사람들이 많이 모이는 자리는 이들에게 커다란 스트레스이다. 아무리 주의를 한다 해도 초조해지거나 감정이 폭발할 것 같은 순간이 오기 쉽다.

이럴 때 배우자라면 평소의 경험에 비추어 '슬슬 시작될지도 모르겠다.' 하는 느낌을 알 수 있을 것이다. 만약 그런 분위기가 느껴진다면, "슬슬 안 좋아질 것 같으니 조용한 데 가서 머리를 좀 식힙시다." 하는 신호를 파트너가 줄 필요가 있다. 이럴 때를 대비해서라도 부부만의 신호를 정해 두면 많이 도움이 될 것이다.

❹ 정리정돈이나 순서를 정해서 해야 하는 일은 종이에 써 가면서 정리한다

발달장애가 있는 사람이 일상생활에서 겪는 가장 큰 어려움은, 집안일이나 업무에 우선순위를 정할 줄 모르고 한번 시작한 일을 끝까지 마치지 못한다는 것이다.

이 문제를 해결하는 방법은 첫째도 둘째도 계획표 관리를 철저히 하는 것이다. 그렇게 하려면 앞에서 이야기한 것처럼 그 날, 그 주, 그 달에 할 일을 종이에 적어 놓고 눈에 잘 띄는 곳에 붙여 놓아야 한다. 그리고 마감 시한부터 거꾸로 계산해서 ◎, ○, △ 같은 표시로 우선순위를 정해 놓고, 이것저것에 손을 대 혼란이 일어나지 않도록 한다. 때때로 부부가 함께 이런 사항을 점검해 보도록 하자.

이렇게만 해도 매사가 상당히 정리가 된다. 나머지는 일단 시작한 일을 끝까지 마무리할 수 있으면 된다. 이때 배우자가 실현 가능한 작업을 조금씩 조율해 준다거나 해서 목표 지점까지 요령 있게 이끌어 주면 될 것이다.

다시 말하지만 발달장애가 있는 사람에게는 치우고 정리정돈하는 것이 엄청나게 힘든 일이다. 그 대책으로 집안일과 그 밖의 자질구레한

일의 목록을 작성해 벽에 붙여 놓는 것이 좋다. 할 수 있는 일, 어려운 일, 할 수 없는 일 등을 생각해서 우선순위를 정하고, 필요하면 경우에 따라서 배우자가 대신 만들어 붙일 수도 있다.

이렇게 계획표나 작업 목록을 만들어 놓고도, 발달장애인은 해야 할 일을 자주 잊어버린다. 그러므로 해야 할 일은 수첩이나 휴대전화 등에도 메모해 놓고 수시로 확인할 수 있도록 한다. 휴대전화의 알람 기능도 깜빡 잊어버리는 실수를 막는 데 유용하다.

또 한 가지, 발달장애가 있는 사람은 지금 무엇을 하려고 했는지, 다음에 무엇을 해야 하는지, 지금 바로 전까지 무슨 생각을 하고 있었는지조차 쉽게 잊어버린다. 그러므로 언제나 메모장과 휴대전화를 손닿는 곳에 놓아두고, 무엇이든지 항상 써서 남겨 놓을 수 있도록 해야 한다.

그렇게 할 수 있도록 배우자가 자동차나 침실, 부엌, 화장실 등에 메모장이나 수첩, 필기도구를 놓아두고, 남편(또는 아내)이 문득 생각난 것을 써서 남겨 놓을 수 있도록 해주자. 그리고 나서 때때로 함께 점검해 보면 좋을 것이다.

직장 상사나 동료는 어떻게 대응하는 것이 좋을까?

만날 지각이다. 부탁한 일은 아무리 시간이 지나도 끝날 기미가 없다. 그런 주제에 남이 하는 소리는 조금도 듣지 않는다. 이쯤 되면 아무리 인내심이 강한 상사에 아무리 정이 많은 동료라 해도 벌써 옛날 옛적에 폭발해 버리고 말았을 것이다.

하지만 이들이 일할 의욕이 없거나 성격에 문제가 있어서가 아니다.

발달장애라는 뇌의 기능장애가 있어서 그런 것이다.

발달장애가 있는 사람이 직장에서 잘 헤쳐 나가려면, 우선 그런 사실을 스스로 인정하고 받아들여야 한다. 그리고 배우자나 가족뿐만 아니라 직장 상사나 동료들에게도 그런 사실을 알리고 협력을 요청해야 한다.

《AD/HD&BODY-여성 AD/HD의 모든 것》의 저자인 캐슬린 나듀(Kathleen Nadeau)는 발달장애가 있는 사람이 직장에 적응하려면, 상사나 동료에게 다음과 같은 사항에 협력을 구해야 한다고 설명했다. 부하 직원이나 동료 중에 발달장애가 있는 사람이 있다면, 꼭 참고해 주시기 바란다.

❶ 과잉행동으로 차분하게 있지 못하는 경우

- 몸을 많이 움직이는 일을 맡긴다.
- 장시간 책상에서 일하는 경우에는 잠깐 휴식을 취하러 밖으로 나가는 것을 인정해 준다.

❷ 주의력이 결핍되어 있고 주의가 산만한 경우

- 누구에게도 방해받지 않고 혼자 있을 수 있는 시간과 공간을 일정 시간 동안 가질 수 있도록 해준다.
- 집중력이 필요한 일을 할 때는 직장 내에 빈 방을 사용할 수 있도록 해준다.
- 주변에서 들려오는 소리를 차단할 수 있도록 귀마개나 이어폰을 사용할 수 있도록 허용한다.

• 사람이 적은 시간에 근무할 수 있도록 플렉스타임을 인정해 준다.
• 졸음 또는 주의력 결핍으로 능률이 떨어지고 실수가 잦은 경우에는, 본인의 흥미나 관심에 맞는 일에 몰두할 수 있도록 다른 부서로 옮기는 것을 인정해 준다.

❸ 좋은 기획안을 내지 못하는 경우
• 발달장애인은 번쩍이는 아이디어가 많으므로, 그 아이디어를 기획이라는 형태로 잘 만들어 내는 동료와 짝을 지어 준다.

❹ 시간 관리를 못하는 경우
• 하루 일정이 지나치게 빡빡해지지 않도록 한다.

❺ 일이 자꾸 미루어지는 경우
• 마감 시한을 정하도록 한다.("마칠 수 있을 때까지 해서 달라."는 말은 발달장애인에게는 "아무리 시간을 주어도 못한다."는 말과 같은 의미다)
• 신뢰할 만한 사람과 팀을 이루어 역할 분담을 하게 한다.

❻ 스트레스 내성이 약한 경우
• 강한 긴장감이나 압력을 받게 되는 일은 맡기지 않도록 한다.
• 본인만의 시간과 장소를 제공해 원하는 식으로 일을 하도록 해준다.

❼ 직장에서 인간관계를 잘 만들어가지 못하는 경우
• 행동거지가 좀 무례하더라도 악의가 있는 것은 아니라는 점을 이해

해 준다.

- 관리직 업무와 관련되지 않도록 한다.
- 혼자서 자유롭게 할 수 있는 일을 맡긴다.
- 상사가 발달장애를 잘 이해하지 못하는 경우에는, 이해해 줄 수 있는 상사가 있는 부서로 이동시킨다.

❽ 잘 잊어버리는 경우

- 복잡한 일일수록 잘 잊어버리므로, 그런 일을 맡기지 않도록 한다.
- 해야 할 일을 잊어버리지 않도록 수시로 지시해 줄 사람을 붙여 준다.
- 정보는 메일처럼 기록으로 남길 수 있는 방법으로 전달하게 한다.

제6장

발달장애를
가진 사람이
재능을 살리는 방법

베토벤, 아인슈타인, 피카소도
발달장애인이었다

발달장애가 있는 사람은 연마되지 않은 원석이다. 이들은 뇌의 발달이 균형을 이루지 못한 상태에 있다. 그래서 물건을 정리하거나 약속 시간을 지키거나 메일을 받은 즉시 답장을 보내는 일처럼, 보통 사람이라면 누구나 간단히 할 수 있는 일을 못한다. 그리하여 가정에서나 직장에서나 참으로 힘든 나날을 보내고 있는 경우가 많다.

한편으로 이들은 아주 훌륭한 재능도 많이 가지고 있다. 예를 들면 자신이 흥미와 관심을 갖고 있는 것에는 그 누구도 따라가지 못할 정도로 집중한다. 보통 사람 이상의 집중력(과집중)과 호기심(신기한 것을 추구하는 경향)이 있는 것이다. 누구도 떠올리지 못할 번뜩이는 발상과 영감을 발휘하는 능력도 커다란 장점이다.

이들은 마음이 곧고 순수한 면이 있어서 겉과 속이 똑같고 흑심 같은 것을 품는 일이 없다. 그래서 칭찬을 받으면 마치 '지칠 줄 모르는 아이'처럼 열심히 분발하는 것도 놀라운 특성 중 하나이다.

　이러한 장점을 갖추고 있는 발달장애인은 어떤 한 가지 기능이나 영역에 흥미나 관심이 생기면 거기에 모든 힘과 에너지를 쏟아 부으며 매진한다. 그리하여 뛰어난 기술자, 학자, 연구자, 화가, 음악가, 예술가 등이 되는 경우가 많다.

　실제로 역사에 이름을 남긴 위인이나 천재 중에는 발달장애를 갖고 있었던 것으로 보이는 인물들이 많다. 베토벤이나 모차르트 같은 음악가, 에디슨이나 아인슈타인, 레오나르도 다빈치 같은 과학자, 피카소나 달리 같은 화가가 그 전형적인 인물로 알려져 있다.

발달장애를 깨닫지 못하는 어른들

품위 없는
신경질쟁이였던 모차르트

예를 들면 고전주의 음악을 집대성했다는 대작곡가 볼프강 아마데우스 모차르트도 전형적인 발달장애를 갖고 있었던 인물로 알려져 있다.

모차르트의 전기를 쓴 디터 케르너(Dieter Kerner) 등에 따르면, 모차르트는 어른이 된 다음에도 차분하지 못하고 늘 신경질적이었다고 한다. 언제나 손을 가만히 놔두지 못했고, 이리저리 바쁘게 돌아다녔으며, 말하는 것도 급하고 빨랐다고 한다. 또 밝고 쾌활한가 싶다가 갑자기 기분이 가라앉기도 하고, 노여움에 사로잡혀 욕설을 퍼붓다가 또 갑자기 여성스러운 상냥함을 보이는 등 기분이 불안정했다고 한다.

모차르트의 친구였던 테너 가수 마이클 오켈리는, 모차르트가 평소에는 멍청히 앉아 있다가도 일단 음악을 마주했다 하면 마치 얼굴이 불타오르는 듯이 아름답게 빛났다고 회상하고 있다.

모차르트는 툭하면 성질을 내고 상스러운 욕을 하는 것으로도 유명해서, 대주교나 공연 책임자와 싸움을 하면 입에 담기 어려운 욕설을 퍼부었다고 한다.

또 대인기술은 심하게 부족했지만, 본디 여자를 좋아해서 자유분방하고 천진난만하게 많은 여성들과 관계를 맺었던 것 같다.

모차르트는 신변 정리를 전혀 할 줄 몰랐고, 정리정돈은 전부 아내인 콘스탄체의 몫이었다. 그런데 그의 아내도 낭비벽이 심해 금전 관리가 엉망이었다. 큰돈을 펑펑 쓰기 일쑤였고, 게다가 내기 당구 같은 도박을 좋아해서 만년에는 빚과 가난에 시달렸다고 한다.

이처럼 모차르트는 어렸을 때부터 과잉행동, 충동성, 정서 불안을 보였고 특정한 것에 집착하는 버릇이 있었다. 어른이 된 다음에도 성격이 아이처럼 명랑하고 천진난만했다. 딱 ADHD 그 자체였다고 하겠다.

발달장애를 깨닫지 못하는 어른들

간단한 덧셈도
못했던 피카소

큐비즘이라고 하는 현대 추상회화의 길을 연 유명한 천재 화가 파블로 피카소도 발달장애가 있었던 것으로 알려져 있다.

피카소는 아이 때부터 차분하지 못했고, 초등학교 때도 제멋대로 교실을 돌아다니곤 해서 자주 야단을 맞았다고 한다. 성질이 급한 피카소로서는 학교 수업 1시간이 마치 영원과도 같이 길었을 것이다. 그런 와중에 유일하게 위안이 되었던 것이 그림이었다. 피카소는 교과서 여백에 낙서를 하면서 사람이나 동물을 빽빽하게 그려 넣곤 했다.

당시 피카소가 다니던 학교에서는 학생이 잘못을 하면 '독방'에 데려다 놓았다. 그래서 피카소는 자기가 좋아하는 그림을 원하는 대로 실컷 그리려고 일부러 잘못을 저질러 독방에 들어가기도 했다. 또 떠돌아다니는 고양이를 죽이거나 이층에서 지나가는 행인들에게 돌을 던져 맞추기를 하는 등, 충동성과 공격성도 두드러졌다.

그림 그리기는 독방에 들어가게 해달라고 할 정도로 좋아하고 집중하는 모습을 보였으나, 공부할 때는 완전히 딴판이었고 성적도 엉망이었다. 어렸을 때는 읽기와 쓰기, 계산하기를 전혀 하지 못했다. 전형적인 학습장애였다.

형식적인 중학교 입학시험을 치를 때 간단한 덧셈 문제가 나왔는데, 피카소는 그런 문제도 풀지 못하고 있었다. 그 모습이 딱했는지 시험 감독관이 슬그머니 커닝페이퍼를 책상 위에 놓아 주었는데, 피카소는 한참 동안 그것조차 눈치를 채지 못했다고 한다. 나중에 피카소는 "커닝을 하는 데도 집중력이 필요하다는 것을 알았다."는 농담 같은 말을 남겼다고 한다.

아무튼 피카소는 수시로 머릿속에 번쩍 떠오르는 게 있어서 하고 있던 일도 다 끝내기 전에 또 다른 일을 시작하곤 했다. 그래서 한 가지 일을 마지막까지 완수하기가 어려웠다. 사람들과 이야기를 할 때도 화제가 이리저리 통통 튀어서 듣는 사람이 이야기를 따라가기 힘들었다고 한다.

또 자기주장이 강해서 매사를 이쪽인지 저쪽인지 분명히 해놓지 않으면 성이 차지 않았다. 협조성하고도 관계없는 사람이라서 여자관계도 자유분방했으며, 애인을 차례차례 바꾸어 나갔다.

건망증도 심해서 금방 금방 잊어버렸다. 그래서 무엇인가 문득 떠오르면 그 자리에서 바로 메모해 놓을 수 있도록 언제나 주머니에 작은 수첩과 펜을 가지고 다녔다.

이러니 주변 관리가 제대로 될 리가 없었고 방도 지저분하기가 그지없었는데, 무질서한 정도가 도를 넘었다고 한다. 물건을 버리지 못하고

발달장애를 깨닫지 못하는 어른들

'언젠가는 필요할 것'이라는 생각에 무엇이든 간직하려 했기 때문이다.

보통 사람에게는 그저 쓸데없는 잡동사니 아니면 흔해 빠진 물건으로밖에 보이지 않을 것이다. 그러나 피카소는 그런 것들을 가지고 보통 사람이 이해하지 못할 오브제 등을 만들고 있었던 것이다.

피카소는 신기한 것을 추구하는 ADHD 특유의 능력을 그렇게 발휘하고 있었다. 그 결과가 바로 피카소의 그 유명한 데포르메 기법이자 수많은 예술 작품이다.

재능을 살리는 데 필요한
세 가지 핵심 요소

역사상 위대한 인물이나 천재 중에는 발달장애를 갖고 있던 사람이 적지 않다.

이처럼 발달장애가 있는 사람은 연마되지 않은 원석 그 자체이다. 이들의 장점을 잘 살릴 수만 있다면 물 만난 고기처럼 자신의 재능을 꽃피울 것이다.

그러면 발달장애가 있는 사람의 재능을 살리려면 어떻게 해야 할까? 여기에는 무엇보다 다음과 같은 세 가지 요소가 가장 중요하다.

① 발달장애의 특성과 그에 알맞은 직업을 안다.
② 전문 교육을 지원한다.
③ 취업 지원과 직업진로지도에 노력한다.

이러한 부분을 좀 더 자세히 알아보기로 하자.

1 발달장애인의 특성과 그에 맞는 직업을 안다 _ 전문적인 지식이나 기능을 살린다

백 가지 잔재주보다 한 가지 큰 재주가 낫다는 말은 참으로 옳은 말이다. 사소한 것 백 가지를 할 줄 아는 사람이 특별한 한 가지 기술이나 지식을 가진 사람을 이기지 못한다는 말이다. 한쪽으로 편벽되어 있는 괴짜이긴 하지만, 전문적인 재능을 인정받아 세상에 중용되는 경우가 실제로도 많이 있다.

일반적으로 발달장애가 있는 사람은 항상 자극을 원한다. 그래서 보통 사람이라면 피해 갈 위험에 맞서려는 경향이 있다. 《ADD 다르게 보기*Attention Deficit Disorder : A Different Perception*》의 저자인 톰 하트맨(Thom Hartmann)도 저서에서 언급하고 있지만, 발달장애가 있는 사람은 강한 자극과 변화로 가득한 직업이 잘 맞는다. 이들은 매일 똑같은 방식으로 반복되는 일에는 재미를 느끼지 못하고 금방 싫증을 내기 때문이다.

예를 들어 변호사라고 한다면, 법정을 드나드는 법정변호사 쪽이 잘 어울린다. 매일 책상에 앉아 두꺼운 서류를 훑어보아야 하는 기업변호사 쪽은 맞지 않는다. 또 의사라면 외과나 응급의학과가 잘 맞는다. 실제로 미국 병원의 응급실에서 근무하는 응급의학과 의사들 사이에는 ADHD인 사람이 많다고 한다.

이 외에도 자극적이고 때때로 위험을 동반하는 직업으로 경찰관, 소방관, 신문이나 잡지 기자, 작가, 언론인, 다큐멘터리 기자, 각 분야의 감독이나 프로듀서(텔레비전, 라디오, 영화 등) 등을 들 수 있다. 이런 분야에서는 ADHD인 사람들이 자신의 뛰어난 재능을 발휘하고 있는 경우가 많다.

또 발달장애가 있는 사람 중에는 시각적으로 사고하는 능력이 뛰어난 경우가 많은 것으로 알려져 있다. 자신이 생각하는 것을 언어로 표현하는 것은 서투르지만, 구체적으로 시각적인 이미지로 바꾸어 나타내는 데는 보통 사람들보다 훨씬 뛰어난 재주가 있기 때문이다.

그렇기 때문에 사진 기자나 작가, 일러스트레이터, 스타일리스트, 만화가, 화가, 건축업 전반(건축, 설계 기술, 목수 등), 컴퓨터 프로그래머, CG 애니메이터, 광고 관련 업종, 패션이나 그래픽 디자인 같은 직업이 잘 맞는다.

이 외에도 특유의 장점인 번뜩이는 영감을 살릴 수 있는 과학자, 연구자, 발명가 등도 잘 맞는 직업이다.

또 대인관계나 조직의 인간관계에 그다지 시달릴 필요 없이 전문적인 지식이나 기능을 살릴 수 있는 세무사, 회계사, 도서관 사서, 조율사(피아노 등), 교정자, 번역가, 자동차 정비사 등도 잘 맞는 직업이라 하겠다.

반대로 발달장애가 있는 사람에게 잘 맞지 않는 직업으로는 다음과 같은 것들이 있다.

- 고도의 협조성과 숙련된 대인기술이 요구되는 영업 관련 또는 접객 관련 업종
- 뛰어난 관리 능력이 필요한 인사, 경리, 총무 업무

- 작은 실수가 큰 사고로 직결될 수 있는 교통, 운수 관련 업종(운전기사, 항공기 조종사, 항공관제사 등)
- 복수의 요구 사항을 동시에 처리해야 할 필요가 있는 음식 관련 업종(요리사, 웨이터, 웨이트리스 등)
- 항공기의 운항 스케줄 변경 같은 예측 불가능한 사태에 임기응변으로 대처하는 능력이 요구되는 여행 관련 업종(여행사 대리점 등)
- 매일매일 시세나 시가가 어지럽게 변하는 금융 관계 업종(주식, 외환, 선물 등)
- 항상 유연하게 대응하는 자세가 필요한 각종 예약 창구나 고객 창구(서비스센터 등)

2 전문적인 교육을 받을 수 있도록 지원한다 _ 학생 때 부딪치는 문제점 네 가지

앞에서 이야기한 것처럼 발달장애가 있는 사람이 적절한 직업을 가지려면, 그 분야의 전문 지식이나 기술, 자격을 얻을 수 있는 전문학교나 대학(경우에 따라서는 대학원)을 마칠 필요가 있다.

그러나 이들은 수업에 집중하기 어렵다거나 하는 문제를 안고 있어서, 애써 교육기관에 진학했다고 하더라도 중간에 그만두고 마는 경우가 적지 않다. 다음에 발달장애를 안고 있는 학생이 부딪치게 되는 네 가지 어려움을 차례로 소개한다.

❶ 대인관계 또는 대학의 일상생활 속에서 부딪치는 문제
친구들과 잘 사귀지 못한다. 약속을 잘 지키지 못한다. 빌린 물건을 잃

어버린다. 고립된다. 동아리 등에서 문제를 잘 일으킨다.

❷ 학업과 관련된 문제

학교 강의를 잘 따라가지 못한다. 필기를 하지 못한다. 리포트 제출 기한을 지키지 못한다. 과목이나 학점 이수 관리를 못한다. 수업 시간에 엉뚱한 질문을 해서 수업을 방해한다.

❸ 행동이나 정서 측면의 문제

매사가 뜻대로 안 되면 공황 상태에 빠진다. 자기주장이 강하고 자제력이 부족하다. 기분이 잘 가라앉는다. 자존감이 낮고 스스로 못난 인간이라고 생각한다. 감정의 기복이 심하다. 욱하고 성질을 부리며 폭언, 폭력을 휘두른다.

❹ 취업과 관련된 문제

진로를 결정하지 못하고, 구직 활동이 진척되지 않는다. 면접에서 떨어진다. 하고 싶은 일을 찾을 수 없다. 장래에 대해 막연한 불안감을 느낀다. 고도의 대인기술이 필요한 직종을 선택하다 보니 실패를 거듭하고 있다.

여기서 내가 소속되어 있는 후쿠시마학원 대학의 대학원생인 야스다 요리코와 나카니시 히로노리 교수가 대학생의 흡연과 ADHD 경향의 관련성을 연구 조사한 결과를 소개할까 한다.

연구팀은 후쿠시마학원 대학과 관동 지역 4개 대학 학생 411명을 대상으로, 웬더 유타 ADHD 평가척도(WURS:Wender Utah Rating Scale)

와 흡연의 관련성을 조사했다.

조사 결과를 보면, 411명 가운데 93명(22.6%)이 WURS에서 46점 이상으로 ADHD 경향이 있는 것으로 나타났다. 관동 지역의 4개 대학 사이에는 별다른 차이가 없었다. 남녀의 차를 보면 남학생은 주의력결 핍우세형이 많았고 여학생은 과잉행동충동성우세형이 많아, 지금까지 미국 등에서 널리 알려진 바와는 다르게 나타났다.

증상을 보면, ADHD 경향이 있는 학생이 그렇지 않은 학생보다 흡 연자가 많은 경향이 있었다. 그리고 화를 잘 내는 경향이나 충동성, 학 업 부진 경향도 강했으며, 자기평가 수준이 낮은 것으로 나타났다. 이 러한 점은 모두 남학생보다 여학생 쪽에서 더 두드러졌다.

이 결과는 일본의 대학생들도 ADHD 경향이 있는 쪽이 그렇지 않 은 쪽에 비해 부적응을 나타낼 위험성이 크다는 점을 시사하고 있다.

발달장애가 있는 경우에는 이런 문제를 안고 학교생활을 한다는 것이 매우 어려우므로, 교육과 관련하여 특별한 배려를 해줄 필요가 있다.

예를 들어 일본의 각 대학이 내놓고 있는 학습 지원책에는 다음과 같 은 것이 있다.

- 상담 지원
- 필요한 이수과목, 시간표 등을 계획할 때 함께 참여한다.
- 별도의 교실에서 보충학습을 하고 수업을 대신한다.
- 정기 시험 때 별도의 교실을 마련해 준다.
- 수업 중에 잠시 자리를 비우는 것을 인정해 준다.
- '성리'를 하며 마음을 가라앉힐 수 있는 별도의 교실을 마련해 준다.

- 헤드폰 등을 사용하여 마이크를 통해 교수의 목소리만 들리도록 한다.
- 수업 내용을 녹음하여 반복해서 들을 수 있도록 한다.
- 문자를 읽어 주는 컴퓨터 소프트를 이용한다.
- 디지털 카메라로 판서 내용을 촬영하도록 한다.
- 시험 방식을 구두로 묻고 답하는 식으로 변경한다.
- 시험을 리포트로 대신한다.
- 리포트 제출 기한을 연장해 준다.

이 밖에도 일상생활 지원책으로 자기관리 방법이나 사회기술을 지도하고 있고, 취업 지원책으로는 이력서 작성법이나 직업적성 등을 지도하고 있다. 또 취업과 관련된 외부 리소스나 직업진로지도 기관 등과 연계하여 장애인수첩 활용법이나 장애인직업센터 등도 소개하고 있다.

발달장애가 있는 학생들에게 가장 필요한 것은 다음과 같다.

① 우선 자기 자신이 안고 있는 문제를 깨닫는 것
② 전문의의 진단을 받고 의학적, 심리학적 치료를 진행하는 것
③ 그런 다음에 바람직한 지원책이 행해질 수 있도록 대학과 긴밀한 협조 관계를 만들어 가는 것

발달장애가 있는 아이가 대학 등에 진학할 때는 특히 ③번 항이 매우 중요하다. 대학이 어떤 지원을 해줄 수 있는지, 어느 정도 긴밀하게 협

조를 해줄 수 있는지, 바라는 바를 어디까지 들어줄 수 있는지 부모들도 제대로 확인해 볼 필요가 있다.

이런 점에서 흥미로운 사례가 있어서 참고가 될 수 있도록 소개한다.

교사에게 필요한 매뉴얼을 만들어 제공한다

가나자와 대학의 어린이마음발달연구센터의 다카하시 가즈코의 이야기이다. 다카하시 가즈코는 교토 대학에 들어간 자신의 아이를 위해서 독자적으로 특별지원 교육 프로그램을 작성했다. 그리고 대학의 학생 상담센터에 의뢰해, 지원 시스템을 확립하는 데에 성공했다.

우선 다카하시 가즈코는 교토 대학의 다른 장애인 지원 시스템을 조사했다. 그리고 다른 대학의 장애인 지원 상황을 연구했다. 또 교토 대학 부속병원의 의사 오카다 다카시와 상담하여 '교사를 위한 다카하시 K(K는 아이의 이름 이니셜) 이해 지원 매뉴얼'을 작성했다.

다카하시 가즈코의 매뉴얼에는 아주 폭넓은 내용이 담겨 있었다. 우선 담당교수나 도움을 줄 수 있는 주변 사람들에게 바라는 요망 사항이 있었다. "K는 위압적으로 호통 치는 사람을 싫어한다."며 대인관계에 문제가 있다는 점을 알리고, 이 부분을 배려해 줄 것을 요청했다. 또 K가 문제를 해결할 수 없는 상황에 빠졌을 때 바로 상담하러 갈 수 있는 장소와 상담해 줄 수 있는 사람이 있어야 한다는 말도 전했다.

그리고 'K 지원팀 회의'라는 것을 열어 줄 것을 부탁했다. 참석자로는 해당 학과의 교수, 사무직원, 학생상담실의 상담사 등 10여 명이 선별되었다. 특히 담당교수는 K의 출신 학교까지 가서 여러 사정 이야기를 듣고, 지원에 도움이 되는 정보를 수집해주기까지 했다고 한다. 회의에서는 K가 문제에 처했을 때(공황 상태 등) 쉴 수 있는 장소를 마련하는 것과 도움이 필요할 때 바로 대응해 줄 인원을 배정하는 문제까지도 검토했다.

또 리포트 작성과 관련해서는, K가 강박적일 정도로 확실하게 검증하는 것이 많다는 점과 상세히 고찰한 후에 리포트를 쓴다는 점을 미리 전했다. 그래서 필요 이상으로 리포트 양이 많아지고 정리하는 데에 시간이 많이 걸려 제출 기한을 지키지 못할 때가 있을 테니 개별적으로 배려해 줄 것을 요청했다.

수업 시간 또는 실험과 관련해서는, K가 청각과민이 있어서 수업 중에 누가 떠들면 교수의 강의 내용을 듣지 못하니 수업 시간에 떠드는 일이 없도록 금지해 달라는 부탁이 있었다. 또 실험 시간에 조를 짤 때는, 잡담을 하지 않는 학생들과 같은 조가 되도록 해줄 것도 요청했다.

마지막으로 진로와 직업지도 문제와 관련해서는, 대학원까지 진학할 것을 목표로 하고 있으니 K와 잘 맞는 지도교수를 선택할 수 있게 해줄 것을 요청했다. 그리고 직업과 관련해서는, 광범성 발달장애가 있는 사람이 취업하는 것이 어렵고 그때까지 준비해야 할 것이 많다는 것을 이해하고, 본인의 적성과 대인 환경까지 고려해 줄 것을 요청했다.

일본에서는 2007년에 이르러 대학에 들어가고자 하는 희망자 수가 대학 입학 정원을 밑돌기 시작한 이래, 전국의 대학과 전문대학에 발달장애가 있는 학생들의 입학도 증가하고 있다.

이들에게 정해진 대로 세세한 지원을 할 수 있으려면, 대학의 교수나 직원들(특히 학생상담실의 상담사 등)이 연수회 등을 통해 어른의 발달장애를 더 깊이 이해할 필요가 있다. 또 학교 안팎에서 전문의와 심료내과의의 연계 활동도 더욱 중요해질 것이다.

그리고 국립특별지원교육종합연구소가 펴내고 있는 가이드북과 사례집 등에 상세한 내용이 들어 있으니, 발달장애가 있는 학생을 지원하는 데에 참고가 될 것이다.

3 취업 지원과 직업진로지도 _ 발달장애인이 니트족이 되기 쉬운 이유

어른 발달장애인은 사회 적응 수준이나 직업, 수입 등이 천차만별이고, 그만큼 인생의 만족도에도 큰 차이가 있다. 예를 들어 ADHD나 아스퍼거증후군인 사람 중에는 사회에서 활발하게 활동을 하면서 존경을 받고 수입도 많은 경우가 있는가 하면, 사회의 낙오자가 되어 나이 40이 넘도록 정식으로 취업을 해본 적이 없는 니트족도 있다. 바로 하늘과 땅 차이라 하겠다.

그러면 이 하늘과 땅의 차이는 도대체 어디서 비롯되는 것일까?

하나는 이들이 본래 갖고 있던 발달장애의 정도, 합병증의 유무와 그 정도일 것이다. 그리고 또 하나 중요한 것이, 자신에게 딱 맞는 직업을 찾았느냐 하는 직업 선택의 문제이다.

최근의 통계에 따르면, 일본의 경우에 사회 부적응의 극단적 형태인 니트족의 수가 약 89만 명에 이르는 것으로 추정된다. 그중 발달장애인의 비율이 정부 통계로는 약 20% 이상일 것이라고 하는데, 또 다른 통계에서는 80%에 이른다고 하니 정확한 수치는 알 수가 없다.

내가 현재 진료하고 있는 사람들 중에도 니트 문제를 안고 있는 사람이 약 150명 정도 된다. 그런데 이들 대부분이 발달장애를 가지고 있는 것을 보면, 임상적으로는 후자의 통계가 현실을 잘 반영하고 있는 것으로 생각된다.

발달장애가 있는 사람은 본래 자기 자신을 객관적으로 바라볼 줄 모른다. 무엇을 잘하고 무엇을 못하는지도 잘 모르고, 장기적인 인생의 목표나 자신의 미래를 그리는 데 몹시 서투르다. 또 기본적으로 바로 코앞의 일밖에 생각할 줄 모른다. 비록 장기적인 목표를 세웠다 하더라도, 목표를 향해 장기적인 노력을 하는 것이 불가능하다.

이런 사람이기 때문에 재능과 장점이 있는 것은 사실이지만, 결국은 결점만이 부각되는 직업을 갖게 되는 경우가 많다. 이럴 때 이들은 일을 제대로 하지도 못하고, 직장에 마음을 붙이기도 힘들어진다. 그리하여 이 직장 저 직장을 전전하다가 결국 니트족이 되는 것이다.

하지만 이들은 관심과 흥미가 있는 일이라면 정열적으로 그리고 묵묵히 노력할 줄 안다. 이것이 이들의 장점이자, 뛰어난 재능이 숨어 있을 가능성이 있는 부분이다. 그러므로 교육적 지원을 정말로 제대로 하려면, 바로 그 부분을 잘 끌어내 키워줄 수 있어야 한다. 안타깝게도 실제로는 갈 길이 아직도 한참 멀다.

또 발달장애가 있는 사람은 어렸을 때부터 학습장애나 인지장애가 있는 경우가 많다. 그렇기 때문에 국어, 영어, 수학 같은 기초 능력을 요구하는 직종에는 취업을 하더라도 좀처럼 일에 숙달되기 어렵다는 문제도 있다. 이 역시 취업하는 데 하나의 벽이라 하겠다.

발달장애를 깨닫지 못하는 어른들

발달장애인이 취업하는 데
가장 중요한 것

일반적으로 발달장애가 있는 학생들이 취업을 생각할 때 부딪치는 문제에는 다음과 같은 것들이 있다.

- 이력서를 작성할 줄 모른다.
- 취업 준비를 어떤 순서로 해야 하는지 모른다.
- 자신이 어떤 직업을 갖고 싶은지 확실하지 않다.
- 자신의 적성을 모르고, 자신과 맞지 않는 직업을 희망한다.
- 면접에서 떨어지는 일이 반복되면서 위축되어 의욕을 잃어버린다.

대학 등이 발달장애인의 취업을 지원하고 직업진로지도를 해야 하는 것은 이런 문제가 있기 때문이다.

또 발달장애인에게 특히 중요한 것은 다음과 같은 부분을 송합적으로 생각해야 한다는 점이다.

① 본인의 흥미나 관심
② 직업의 적성(발달장애인에게 적합한 일인지 아닌지 하는 부분)
③ 작업의 특징(손재주가 필요한지 아닌지 등)

그리고 자신에게 어떤 일이 잘 맞고 어떤 일이 잘 맞지 않는지, 객관적 사실을 잘 알고 있어야 한다.

대학 등이 가장 힘을 쏟고 있는 부분도 이것이다. 그리하여 본인의 흥미, 희망, 능력, 직업 지식 등을 종합적으로 고려해 적합한 일을 찾을 수 있도록 다양한 방향에서 지원을 하고 있다.

그중에는 사회에 나와 활용할 수 있는 사전 준비 작업으로, 재학 중에 아르바이트 경험을 쌓게 하는 곳도 있다. 여러 사람과 함께 일하는 경험을 통해서 자신이 다른 사람들과 무엇이 다른지도 깨닫고 대인기술을 배우기도 한다. 또 다양한 작업에 대한 자신의 적응력, 즉 무엇을 잘할 수 있고 무엇을 못하는지를 경험적으로 알게 되는 계기가 되기도 한다.

실제로 취업 준비를 하는 데 필요한 상담과 지도, 조언 등에 힘쓰는 학교도 있다. 구체적으로 이력서 쓰는 법을 가르치고, 사전에 면접 연습을 할 때도 보통 때보다 더 정확하고 확실하게 여러 번 반복한다. 이와 함께 기본예절과 옷차림새, 의사소통 방식 등을 세세히 지도한다.

취업이 잘 안 되는 경우에는 각지의 장애인직업센터 등과 연대하여 '취업재활'에 힘쓰는 곳도 많다고 한다. 취업재활이란, 장애인에게 직업지도, 직업훈련, 직업소개 등의 과정을 통해 스스로 취업할 수 있도록 돕는 것을 가리킨다.

구체적으로는 각지의 장애인직업센터 등에서 실시하는 취업 준비 지원 강좌(작업 지원, 사업장 견학, 직업 강의, 출퇴근 지도 등)를 수강하도록 한다. 직장의 규율, 작업 수행 능력, 기본적인 근로 습관, 직업에 관련된 지식 등을 몸으로 익혀 취업 준비 또는 직장생활을 잘할 수 있도록 지도하는 것이다.

대인기술이 크게 부족한 경우에는 자립지원 커리큘럼을 통해 사회 기술훈련(SST)을 받도록 한다. 여기에는 기본적인 인사 방법, 전화 응대 방법, 보고하고 연락하고 상담하는 방법, 요령 있게 거절하는 방법 등이 포함되어 있다.

실제로 취업할 수 있을 것 같은 직장이 발견되면, 발달장애인과 그 가족 그리고 사업장 양측이 함께 잡 코치(job coach)라 부르는 직업 적응 전문가의 도움을 받는 것이 가장 이상적이다. 이들은 사업장, 장애인, 가족을 상대로 다음과 같은 지원 활동을 한다.

① 사업장 지원 : 장애인을 더 잘 이해할 수 있도록 돕는다. 직무 내용을 설정하는 법, 직업지도 방법, 가족들과 연대하는 방법 등을 지원한다.
② 장애인 지원 : 인간관계, 직장에서 의사소통하는 법, 직무 수행 방법 등을 지원한다. 구체적인 지원 수단을 만들고 출퇴근을 지원 한다.
③ 가족 지원 : 장애를 더 잘 이해할 수 있도록 돕는다. 기업과 연대하는 방법 등을 지원한다.

이러한 취업재활 활동과 잡 코치의 지원은 발달장애가 있는 사람이라면 이제 갓 사회에 진출한 경우뿐만 아니라 예전 직장을 떠나 재취업을 하고자 하는 경우에도 큰 도움이 될 것이다.

행복한 가정이
치료로 직결된다

발달장애가 있는 사람에게는 연애와 결혼과 육아 문제가 특히나 더 중요하다. 다행히 바라는 대로 취업을 했다고 하더라도, 가정 문제로 발목이 걸려 넘어지면 안 좋은 상황이 되기 쉽다. 일을 제대로 하기가 어려워질 것이고 그러다가 스트레스가 쌓여 알코올의존증 같은 데 빠질 위험이 크기 때문이다.

지금까지 잠깐씩 언급했지만, 근본적으로 이들에게는 건강한 보통 사람들에 비해 부부 불화나 이혼, 가정 붕괴, 가정폭력, 아동학대 같은 문제가 압도적으로 많이 발생하고 있다. 배우자를 만나고자 하는 소망을 비롯해서 대인관계 욕구는 강한 반면에, 그에 걸맞은 충분한 대인기술은 갖추지 못한 경우가 많기 때문이다.

이 때문에 엉뚱한 일이 발생하기도 한다. 상대가 완곡하게 교제하기를 거절했는데도 그 의미를 알아차리지 못하고 계속 접근한다든지, 통상적인 친절을 베푼 것인데도 자신에게 호의를 갖고 있다고 착각하는 경우가 그러하다. 그중에는 편지나 메일 등을 끊임없이 보내거나 몰래 숨어서 집요하게 상대를 기다리는 행동을 해서 상대방에게 스토커 취급을 받는 경우도 있다.

성적인 측면에서도, 상대방과 함께한다는 심리적 수용이나 안정감보다 신체적 접촉의 느낌이나 감각만을 추구하는 성향을 보이는 경우가 적지 않다. 쉽게 말하자면, 마음이 아니라 몸의 섹스에 그치는 것이다. 반면에 성적으로 지극히 담백한 경우도 있다.

이것은 자신에게 발달장애가 있다는 것을 모르고 치료도 받지 못한 채 성장해서, 어른이 된 다음에도 주변의 도움을 전혀 받지 못하고 있는 경우의 이야기다.

내 경험으로는, 어렸을 때부터 치료를 받아 왔거나 어른이 되어서도 심각해지기 전에 치료를 시작한 경우에는 거의 이런 문제를 보이지 않는다. 행복하게 연애하고 결혼하고 아이를 기르며 살고 있는 경우가 대부분이다.

결혼한 후에 상대방에게 발달장애가 있다는 것을 알게 된 경우에는, 그 문제를 이해하고 받아들이고 도와주는 것이 무엇보다 중요하다. 밥하고 빨래하고 청소하는 것은 물론이고, 전반적인 일상생활 관리나 육아, 이웃 관계, 관혼상제와 관련된 대소사까지 모든 것을 함께 협력해 나가야 한다.

특히 여성에게 발달장애가 있는 경우에는 집안일이나 육아 문제 등의 부담이 더욱 크다. 따라서 결혼생활을 잘 유지해 나가려면 남편의 전면적인 도움이 절대적으로 필요하다.

다음에는 여성과 남성에 따라 연애와 결혼에 어떤 문제가 나타날 수 있는지, 그 경향과 주의할 점을 살펴보기로 하자.

발달장애 여성이
문제 있는 남성만 사귀는 이유

여성의 ADHD에는 주의력결핍우세형이 많다. 이들은 불안감이 강하고 자기평가 수준이 낮다. 그러므로 상처 받거나 오해 받는 것을 두려워하는 경향이 크고, 그 때문에 친구나 이성을 좀처럼 깊이 사귀지 못한다. 비록 연애 관계로 발전했다 해도 금방 끝나버리는 경우가 많고 오래 지속되지 못한다.

자기평가 수준이 낮아서, 보통 여성이라면 쳐다보지도 않을 문제 있는 남성인데도 그냥 받아들이고 마는 경향이 있다. 상대방에게 많은 것을 요구하지 않고 "이 정도면 됐지." 하며 타협하는 것이다.

또는 아무도 자신을 상대해 주지 않을지도 모른다는 두려움(불안이나 고독) 때문에 이상적인 남성이 아니라는 것을 알면서도 헤어지지 못하는 경우도 있다. 아무도 없는 것보다는 낫다고 여기는 것이다.

한편으로는 연애의존증에 빠지는 경우도 있다. 남자와 여자가 처음 만나서 친밀해지는 기간(밀월기)은 가장 즐겁고 행복하며, 심리적으로나 생리적으로 강렬한 쾌감이 동반되는 시기이다. 그렇기 때문에 ADHD인 여성 중에는 이러한 연애감정의 자극을 찾아 차례차례 상대를 바꾸어 가는 사람도 있다.

이런 경우에는 상담을 통해 자기 자신을 다시 들여다봄으로써 스스로를 조절하는 힘을 기르는 것이 좋다. 최근에는 연애섹스의존증인 사람들의 자조 그룹도 있다.

또 하나 문제가 되는 것은 발달장애 여성이 결혼하면 출산 후에 아동학대 가해자가 되기 쉽다는 점이다. 아기들은 웃거나 우는 행위를 통해 다양한 욕구와 감정을 나타낸다. 부모는 그런 비언어적 표현으로 아기의 내면을 추측해야 한다.

그러나 발달장애가 있으면, 특히 아스퍼거증후군인 사람에게는 이것이 굉장히 어려운 일에 속한다. 아기의 욕구와 감정 상태를 몰라서 공황 상태에 빠지거나 마음이 답답하고 불안한 정신 증상을 보이기도 한다.

또 아이가 생기면 단지 육아 문제로 그치는 것이 아니라 이웃의 아기 엄마들과도 점점 관계를 넓혀 가야 한다. 이러한 난제를 극복하려면 전문가의 적절한 치료(약물요법, 상담, 심리 교육 등)는 물론이고, 배우자나 시댁 어른들의 이해와 도움도 절대적으로 필요하다.

발달장애 남성이
행복한 가정을 꾸리는 법

남성 발달장애인의 경우에도 가정불화나 이혼이 많다. 특히 가정폭력의 가해자가 되는 경우가 많다. 이들은 결혼하여 아이가 생겨도 육아는 전적으로 아내에게 맡기거나 방임하는 경우가 많아서, 여성처럼 아동학대를 저지르는 경우는 많지 않다.

주의력결핍우세형 ADHD인 경우에는 여성과 마찬가지로 자신감이 없고 불안감이 강해서 연애나 결혼에 굉장히 소극적이다. 이에 비해 과잉행동충동성우세형이나 혼합형의 경우에는 여성만큼 자기평가 수준이 낮지는 않으며, 오히려 자기애가 강한 편이어서 연애와 결혼에 적극적인 경우가 많다.

여성의 발달장애에는 우울증이나 불안장애가 동반되는 경우가 많다. 그런데 남성의 발달장애는 대부분 다양한 의존증이나 인격장애를 동반하며, 좀처럼 치료하기 어려운 경우가 많다.

왜냐하면 정신질환이 동반된 경우에는 대부분이 원질환으로 발달장애가 있다는 것을 깨닫지 못하기 때문이다. 그리고 자신의 의존증이나 인격장애도 자각하지 못하고, 이에 따라 치료 의욕도 보이지 않기 때문이다.

이쯤 되면 가족은 물론이고 주변 사람들에게 참으로 성가시고 처치 곤란한 존재로 전락하게 된다. 그리하여 별 수 없이 이혼율이 높아지고, 또 이직률도 높아지는 것이다.

그러나 본인이 현실을 깨닫고 자기 자신을 다시 들여다볼 수만 있다면, 치료 효과도 커질 것이고 생활이 개선될 가능성도 얼마든지 있다. 지금까지 여러 번 이야기했지만, 어른의 발달장애 치료는 모든 것을 인정하고(인지) 받아들이는 것(수용)에서부터 시작되는 것이다.

발달장애를
깨닫지 못하는
어른들

초판 1쇄 발행 2010년 10월 15일
초판 6쇄 발행 2021년 6월 20일

지은이_ 호시노 요시히코
옮긴이_ 임정희
펴낸이_ 명혜정
펴낸곳_ 도서출판 이아소

등록번호_ 제311-2004-00014호
등록일자_ 2004년 4월 22일
주소_ 04002 서울시 마포구 월드컵북로5나길 18 대우미래사랑 1012호
전화_ (02) 337-0446 **팩스** (02) 337-0402

책값은 뒤표지에 있습니다.
ISBN 978-89-92131-37-7 03180

도서출판 이아소는 독자 여러분의 의견을 소중하게 생각합니다.
E-mail: iasobook@gmail.com